Košice ako na dlani
A palm-top Košice
Košice auf der Hand
Kassa a tenyerünkön

Vydavateľstvo ⊲ᗷes⊳ Košice, 2000

ISBN 80-88900-05-0

KOŠICE ako na dlani
A palm-top KOŠICE
KOŠICE auf der Hand
KASSA a tenyerünkön

itajte v Košiciach, v metropole východného Slovenska.

V údolí rieky Hornád, ohraničenom na západe výbežkami Slovenského rudohoria, rozprestiera sa na ploche 244 km² mesto dnes už európskeho formátu. Je to mesto, z ktorého na vás doslova dýcha bohatá história. Nechajte sa preto viesť vskutku zaujímavými a spletitými niekoľkostoročnými dejinami tohto mesta.

Počiatky Košíc sa vďaka bohatým archeologickým nálezom datujú už do obdobia mladšieho paleolitu, do čias pred 35 až 40 tisíc rokmi. Opevnené osady z bronzovej doby v Barci a Nižnej Myšli, ako aj nálezy z rímskej a avarsko-slovanskej doby, svedčia o hustom osídlení pozdĺž toku Hornádu. Prvá písomná zmienka o Košiciach je však až z roku 1230, keď ešte boli iba osadou. Po ničivom tatárskom pustošení Uhorska v rokoch 1241-42 bolo územie Košíc osídlené nemeckými kolonistami z oblastí Dolného Saska, ktorí tu spolu s miestnym slovanským obyvateľstvom vybudovali v 2. polovici 13. storočia mesto obohnané hradbami. Košice sa stali sídlom kupcov a remeselníkov združovaných v cechoch, pričom listina cechu kožušníkov je najstaršia známa v Uhorsku.

Významným dátumom v dejinách mesta bol 15. jún 1312, keď sa odohrala bitka pri Rozhanovciach, v ktorej Košičania obhájili svoje slobody a pomohli kráľovi Karolovi Róbertovi poraziť spojené vojská oligarchu Omodeja a Matúša Čáka Trenčianskeho. Anjouovskí králi sa im potom za pomoc odvďačili udeľovaním výsad, napríklad povýšením na slobodné kráľovské mesto v rokoch 1342 a 1347, ale i udelením erbu v roku 1369.

V 14. a 15. storočí zažívali Košice rozkvet remesiel a obchodu, získali monopol na výrobu barchetovej tkaniny, razili vlastné mince a stavali nádherný Dóm svätej Alžbety. Po roku 1440 tu istý čas sídlil kapitán Ján Jiskra z Brandýsa. Mesto prežívalo kultúrny i demografický vzostup. Od začiatku 16. storočia sa v meste uchytila reformácia a až do 17. storočia bola väčšina mešťanov stúpencami Luthera alebo Kalvína. V roku 1536 obsadil Košice Ján Zápoľský a od

týchto čias sa traduje silnejšie sťahovanie maďarského obyvateľstva do mesta. Kvôli tureckej expanzii sa z Košíc stala od polovice 16. storočia pevnosť a sídlo Hornouhorského kapitanátu – vojensko-správnej územnej jednotky.

V dôsledku protireformačných represií sa Košíc zmocnil v roku 1604 Štefan Bočkaj a neskôr, v roku 1619 Gabriel Betlen. Po jeho smrti sa mesto navrátilo k cisárovi, v roku 1644 ich však opäť obsadil Juraj I. Rákoci. V roku 1670 sa tu schádzali Vešeléniho sprisahanci a v roku 1682 ich obsadil Imrich Tököli. Ničivé povstanie Františka II. Rákociho v rokoch 1703 až 1711, obliehania, požiare a morová epidémia potom završili hospodársky a demografický úpadok mesta.

Mier, ktorý nastal v 18. storočí sa niesol v duchu prísnej rekatolizácie. Na jeho konci však došlo k zrovnoprávneniu náboženstiev, a tak začiatkom 19. storočia mohli byť v centre mesta postavené kostoly evanjelikov i kalvínov, ba dokonca sa tu začali usadzovať aj Židia, hlavne z Podkarpatia a Haliče. V roku 1804 bola rozdelením jágerskej diecézy vytvorená diecéza košická. Jej prvý biskup Andrej Szabó sa zaslúžil o vybudovanie prvej mestskej nemocnice. V prvej polovici 19. storočia sa Košice stali jedným z centier maďarského národného uvedomovania, ktoré vyvrcholilo revolúciou v roku 1848. Odtrhnutie Uhorska spod nadvlády Viedne však bolo potlačené spojenými rakúskymi a cárskymi armádami.

V nasledujúcom období sa však mesto začalo meniť na priemyselné, posádkové a správne centrum. V roku 1856 sa Košice napojili na telegraf, v roku 1860 na železnicu, časom si mesto vybudovalo verejné osvetlenie, vodovod a kanalizáciu, plynofikáciu a hromadnú mestskú dopravu. Po rakúsko-uhorskom vyrovnaní v roku 1867 sa začala silná maďarizácia obyvateľstva. Prelom 19. a 20. storočia sa diaľ v znamení kultúrneho rozmachu mesta, mohutnej novej výstavby i rekonštrukcie historického jadra mesta.

Počas prvej svetovej vojny slúžili Košice zázemiu frontu, sústreďovali sa tu lazarety a doplňovacie útvary. V posledný deň roka 1918 sa stali Košice súčasťou novovzniknutej Československej republiky. Od roku 1924 sa tu pestuje tradícia maratónskych behov, v tom istom roku vzniklo aj rozhlasové štúdio. Budovali sa nové obytné štvrte a v roku 1935 bol na Hlavnej ulici objavený Košický zlatý poklad. Táto éra bola tiež poznamenaná činnosťou robotníckych ľavicových spolkov.

Po Viedenskej arbitráži sa Košice stali v novembri 1938 súčasťou horthyovského Maďarska. Stagnácia, ktorá nasledovala, vyvrcholila v roku 1944 deportáciami košických

Židov do vyhladzovacích táborov a hrôzovládou fašistickej soldatesky. Nové dejiny mesta sa začali písať od 19. januára 1945, keď mesto obsadila Červená armáda, respektíve od 21. januára, keď sa Košice opäť stali súčasťou Československa, načas dokonca aj hlavným mestom postupne oslobodzovanej krajiny.

Mocnému povojnovému rozvoju mesta prispela nepochybne výstavba Východoslovenských železiarní, ktoré poskytli prácu obyvateľom z celej republiky. Vyvolaná populačná explózia mesta si potom žiadala nové možnosti bývania, takže sa historické centrum postupne obkolesilo panelovými sídliskami. V súčasnosti sú Košice moderným veľkomestom, správnym centrom časti východoslovenského regiónu. Ich výhodná geografická poloha, blízkosť hraníc s troma susednými štátmi (s Maďarskom 20 km, Ukrajinou 80 km a Poľskom 120 km) vytvárajú priaznivé podmienky na obchod.

V meste majú výrazné zastúpenie firmy zamerané na veľkoobchod a distribúciu tovarov, ubytovacie, stravovacie, finančné a bankové inštitúcie. Okrem hutníckeho tu existuje rozvinutý strojárenský, stavebný, potravinársky, polygrafický a textilný priemysel. Košice však nie sú iba sídlom priemyselných podnikov, ale aj vedeckých, školských a kultúrnych inštitúcií, a tiež mestom športu a zábavy. Vďaka najväčšej pamiatkovej rezervácii, vyhlásenej v roku 1983, sú vyhľadávané stovkami zahraničných návštevníkov.

Pozývame Vás teda do ulíc mesta, spoznávať jeho tajomstvá a krásu jeho historických pamiatok a aj jeho súčasný rušný život.

Welcome to Košice, the metropolis of Eastern Slovakia!

In the Hornád Valley, bounded to the west by outliers of the Slovakian Ore Mountains but spreading over an area of 244 km^2, lies a modern city of European stature. This city practically breathes its rich history at you, so let yourself be enticed by its several centuries of truly interesting and intricate chronicles.

Thanks to some rich archaeological finds, Košice's beginnings can now be dated way back to the later Palaeolithic, around 35-40 thousand years ago. Fortified Bronze Age settlements at Barca and Nižná Myšľa, and Roman and Avaro-Slavonic period finds, are evidence of dense population along the Hornád's course. Košice is first mentioned in documents much later, however, in the year 1230, when still only a settlement. After the Tartars devastated Hungary in their invasion of 1241-42, German colonists from the Lower Saxony region settled in the Košice area, and in the late 13th century they and the local Slav population built up a town protected by fortified walls. Košice became a centre for merchants and craftsmen grouped together in guilds, and the Furriers' Guild Charter is the oldest known one in Hungary.

One very significant date in the town's history was 15th June 1312 when the battle of Rozhanovce was fought, the people of Košice defending their freedoms and helping King Charles Robert to defeat the allied armies of the oligarch Omodej and Matúš Čák of Trenčín. For this help the Anjou kings then expressed their gratitude by bestowing privileges on the town, for example raising it to free royal town status in 1342 and 1347, and granting it its own coat of arms in 1369.

In the 14th and 15th centuries Košice experienced a craft and trade boom, won a monopoly for producing fustian cloth, minted its own coins and built the superb St. Elizabeth's Cathedral. From 1440 Ján Jiskra of Brandýs resided here for a time. The city grew in culture and population. The early 16th C saw the Reformation catch on in the city, and up until the 17th C most of the townspeople were Lutherans or Calvinists. In 1536 Ján Zápoľský occupied Košice, and this time is traditionally the start of stronger Hungarian influence in the city. Turkish expansion from the mid-16th C made Košice a fortress and the seat of the Upper Hungarian Capitanate, a military and administrative territorial unit.

Counter-Reformational repression led to Košice being taken by Štefan Bocskai in 1604, and then in 1619 by Gabriel Bethlen. When he died the city returned to the Emperor, but it was occupied again in 1644 by György Rákóczi. In 1670 the Wessellényi conspirators assembled here, and in 1682 Imre Thököly took the town. The destructive uprising of Ferenc Rákóczi between 1703 and 1711, sieges, fires and a plague epidemic then completed the city´s economic and demographic decline.

The peace established in the 18th C was filled with the spirit of strict re-Catholicization, but that century ended with religions being accorded equal rights, so in the 1800´s Lutheran and Calvinist churches could be built in the city centre, and Jews could begin settling here too, mostly from the Lower Carpathian region and Galicia. In 1804 the Eger diocese was divided to create the Košice See, and its first bishop, Andrej Szabó, deserves credit for having the first city hospital built. By the mid-19th C Košice had become a centre of Hungarian national awareness, culminating in the 1848 revolution. The move to free Hungary from Vienna´s hegemony was however suppressed by the allied Austrian and Czarist armies.

After this, though, Košice changed into an industrial, garrison and administrative centre. In 1856 the telegraph and in 1860 the railway came to the city, and in turn public lighting, water mains and sewers, gas mains and public transport were introduced. After the Austro-Hungarian Settlement of 1867 there was strong hungarianization of the population. The new century found the city enjoying a cultural boom, with a mass of new buildings and extensive reconstruction of the historical centre.

In the First World War Košice served the rear, and field hospitals and reinforcement units were concentrated here. On the last day of 1918 Košice joined the newly-created Czechoslovak Republic. A tradition of marathon races has been cultivated here since 1924, and the same year saw the local radio station set up. New residential areas were built, and in 1935 the Košice Gold Treasure was found under the Main Street. This period was also characterized by the activities of working-class, left-wing groups.

In November 1938 the Vienna Arbitration made Košice part of Hungary again under Horthy´s rule. The following stagnation reached its nadir in 1944 with the deportation of Košice´s Jews to the death camps and the reign of terror of the local Fascist soldiery. The city´s recent history began with two dates: 19th January 1945, when it was occupied by the Red Army, and 21st January, when Košice became part of Czechoslovakia again and for a while even the capital of the country as it was gradually liberated.

The powerful post-war development of the city was clearly stimulated when the East Slovakian Steelworks started up, providing work for people from all over the Republic. The resulting population explosion then required new living quarters, and so the historical centre was gradually surrounded by concrete tower-block estates. Present-day Košice is a modern city, the administrative centre of part of the East Slovakian region. The advantages of its geographical position, close to the borders of three neighbouring states (Hungary at 20 km, Ukraine at 80 km and Poland at 120 km), make conditions for international trade especially favourable.

Many important firms are actively represented in the city, involved in wholesale and distribution of goods, accommodation and catering, and finance and banking services. Apart from metallurgy, the engineering, construction, food processing, printing and textile industries are also well-developed here. And Košice is not only a centre for industrial companies, but also for research, education and cultural institutions, and it is a city of sport and entertainment. Thanks to its protected heritage area, declared in 1983 and the largest in the country, the city is sought out by hundreds of foreign visitors.

We invite you then into the city streets, to get to know its secrets, the beauty of its historical heritage and the bustle of its present-day life.

Willkommen in Košice, der Metropole der Ostslowakei!

Im Flusstal des Hornád, im Westen von den Ausläufern des Slowakischen Erzgebirges begrenzt, erstreckt sich auf einer Fläche von 244 km² eine Stadt mit heute bereits europäischem Format. Eine Stadt, die Sie mit ihrer reichen Geschichte schnell gefangennimmt. Lassen Sie sich deshalb durch ihre wirklich interessante und reiche Geschichte mehrerer Jahrhunderte führen.

Die Anfänge von Košice lassen sich Dank umfangreicher archäologischer Funde schon im jüngeren Paläolithikum, in einer Zeit vor 35 bis 40 Tausend Jahren ansetzen. Befestigte Ortschaften aus der Bronzezeit in Barca und Nižná Myšľa sowie Funde aus der Römer- und awarisch-slawischen Zeit zeugen von der dichten Besiedelung des Hornádtales. Die erste Erwähnung von Košice stammt aber erst aus dem Jahre 1230, als es noch eine Siedlung war. Nach dem vernichtenden Tatareneinfall von 1241-42 in Ungarn siedelten sich im Gebiet von Košice deutsche Kolonisten aus Niedersachsen an, die hier gemeinsam mit der hiesigen slawischen Bevölkerung in der 2. Hälfte des 13. Jahrhunderts eine Stadt mit Stadtmauern errichteten. Košice wurde zum Sitz der Kaufleute und Handwerker-Zünfte, wobei die Zunfturkunde der Kürschner die älteste bekannte in Ungarn ist.

Ein bedeutendes Datum in der Stadtgeschichte war der 15. Juni 1312, als die Košicer in der Schlacht von Rozhanovce ihre Freiheiten verteidigten und König Karl Robert bei der Niederschlagung der vereinigten Armeen von Matúš Čák von Trenčin und Palatin Amadeus zur Seite standen. Die Könige von Anjou dankten es ihnen in Form von Privilegien, z. B. der Ernennung zur königlichen Freistadt in den Jahren 1342 und 1347, aber auch mit dem Wappenbrief von 1369.

Im 14. und 15. Jahrhundert erreichten das Handwerk und der Handel in Košice eine ungeahnte Blüte, man gewann das Monopol zur Herstellung von Barchentgeweben, die Stadt prägte eigene Münzen und erbaute den herrlichen Elisabeth-Dom. Nach 1440 war hier eine Zeit lang Kapitän

Ján Jiskra von Brandys ansässig. Die Stadt erlebte einen kulturellen und demografischen Aufschwung. Seit Beginn des 16. Jahrhunderts fasste die Reformation in der Stadt Fuß, und bis zum 17. Jahrhundert war die Mehrheit der Bürger Anhänger von Luther oder Calvin. 1536 wurde Košice von Johann von Zápolya besetzt, und von dieser Zeit an zogen immer mehr Ungarn in die Stadt. Wegen der türkischen Expansion wurde Košice ab Mitte des 16. Jahrhunderts zur Festung und zum Sitz des Oberungarischen Kapitanats – einer militärisch-administrativen Gebietseinheit.

In Folge der gegenreformatorischen Repressionen bemächtigten sich 1604 Stefan Bocskai und später, im Jahre 1619, auch Gabriel Bethlen der Stadt. Nach seinem Tod ging die Stadt an den Kaiser zurück, 1644 wurde sie aber erneut durch Georg Rákóczi I. besetzt. 1670 trafen sich hier die Wessellényi-Verschwörer, 1682 wurde sie von Emrich Thököly besetzt. Der vernichtende Aufstand von Franz Rákóczi II. in den Jahren 1703-1711, Belagerungen, Brände und eine Pestepidemie vollendeten den wirtschaftlichen und demografischen Verfall der Stadt.

Den im 18. Jahrhundert folgenden Frieden kennzeichnete eine strenge Rekatholisierung, am Ende des Jahrhunderts kam es zur Gleichberechtigung der Religionen, und so konnten zu Beginn des 19. Jahrhunderts evangelische und calvinische Kirchen im Stadtzentrum errichtet werden, sogar Juden, vor allem aus dem Karpatenvorland und aus Halicz, begannen sich hier niederzulassen. 1804 entstand durch die Teilung der Diözese Jáger die Košicer Diözese. Ihr erster Bischof Andrej Szabó machte sich um die Errichtung des ersten Stadtkrankenhauses verdient. In der ersten Hälfte des 19. Jahrhunderts wurde Košice zum Zentrum der ungarischen Nationalbewegung, die in der Revolution von 1848 gipfelte. Die Abspaltung Ungarns von Wien wurde jedoch durch die vereinten Armeen Österreichs und des Zaren verhindert.

In der darauf folgenden Zeit begann die Verwandlung der Stadt in ein Industrie-, Garnisons- und Administrationszentrum. 1856 bekam Košice einen Telegrafen-, 1860 einen Eisenbahnanschluss, nach und nach entstanden öffentliche Beleuchtung, Wasserleitung und Kanalisation, Gasleitungen und Stadtverkehrseinrichtungen. Nach dem österreichisch-ungarischen Ausgleich von 1867 begann eine starke Ungarisierung der Bevölkerung. Die Wende vom 19. zum 20. Jahrhundert brachte einen kulturellen Aufschwung, einen gewaltigen Bauboom und die Rekonstruktion des historischen Stadtkerns mit sich.

Während des ersten Weltkrieges diente Košice als Hinterland der Front, hier konzentrierten sich Lazaretts und militärische Ergänzungsformationen. Am letzten Tag des Jahres 1918 wurde Košice zum Bestandteil der neu entstandenen Tschechoslowakei. Seit 1924 pflegt man hier die Tradition der Marathonläufe, im gleichen Jahr entstand auch das Rundfunkstudio. Neue Wohnviertel wurden gebaut, und 1935 wurde auf der Hauptstraße der Košicer Goldschatz entdeckt. Diese Ära war auch von der Tätigkeit linksgerichteter Arbeitervereine gekennzeichnet.

Nach der Wiener Arbitrage wurde Košice im November 1938 Bestandteil des Horthy-Ungarn. Die nachfolgende Stagnation gipfelte im Jahre 1944 in der Deportation der Košicer Juden in die Hungerlager und in einer Schreckensherrschaft der faschistischen Soldateska. Eine neue Geschichte der Stadt begann am 19. Januar 1945, als die Stadt von der Roten Armee besetzt wurde, bzw. am 21. Januar, als Košice erneut Bestandteil der Tschechoslowakei, für eine bestimmte Zeit sogar Hauptstadt des nach und nach befreiten Landes wurde.

An der gewaltigen Nachkriegsentfaltung der Stadt hatte zweifellos der Aufbau der Ostslowakischen Eisenhüttenwerke seinen Anteil, durch den Bürger der gesamten Republik Arbeit fanden. Die so hervorgerufene Populationsexplosion der Stadt erforderte anschließend neue Wohnmöglichkeiten, so dass das historische Zentrum allmählich von Plattenbausiedlungen umgeben wurde. Heute ist Košice eine moderne Großstadt, das Verwaltungszentrum der Ostslowakischen Region. Seine vorteilhafte geografische Lage, die Nähe der Grenzen dreier Nachbarstaaten (Ungarn 20 km, Ukraine 80 km und Polen 120 km) schaffen günstige Voraussetzungen für den Handel.

Besonders vertreten sind hier Großhandels- und Distributionsfirmen und Hotel-, Gaststätten-, Finanz- und Bankinstitutionen. Neben der Hüttenindustrie gibt es hier eine gut entwickelte Maschinenbau-, Bau-, Lebensmittel- polygrafische und Textilindustrie. Košice ist aber nicht der Sitz von Industriefirmen, sondern auch wissenschaftlicher, Schul- und Kulturinstitutionen und nicht zuletzt eine Stadt des Sportes und der Unterhaltung. Dank der größten Denkmalsreservation, zu der sie im Jahre 1983 erklärt wurde, wird sie von Hunderten ausländischer Touristen aufgesucht.

Wir laden Sie also ein in die Straßen der Stadt, um ihre Geheimnisse und die Schönheit ihrer historischen Denkmäler sowie ihr gegenwärtiges reges Leben kennenzulernen.

Üdvözöljük Kassán, Kelet-Szlovákia legnagyobb városában!

A Hernád folyó völgyében, nyugat felől a Szepesiérchegység csúcsai által határoltan, 244 négyzetkilométer területen fekszik az a város, amely ma már Európa-szerte ismert. Egy város, melyből sugárzik Önök felé a történelmi múlt. Fedezzék fel Önök is Kassa többszáz éves történelmének varázsát.

A város születése a késő paleolit korra nyúlik vissza, mintegy 35-40 ezer éves leletekre bukkantak a régészek ebből az időszakból. A bronzkorszakból származó megerősített települések nyomait találták Bárcán és Alsómislyén. A római korból és az avar-szláv korszakból való leletek már sűrűn lakott területről tanúskodnak. Kassa írásos dokumentumban 1230-ban szerepel először, de ekkor még csak település. A tatárjárás (1241-42) pusztítása után Kassára Alsó-Szászországból érkeztek telepesek, akik a helyi lakossággal közösen a XIII. század második felében fallal megerősített várost építettek ki. Így lett Kassa a kereskedők és kézművesek székhelye, akik céhekbe tömörültek. Minderről az is tanúskodik, hogy a történelmi Magyarország legrégibb céhalapító levele, a bőrműveseké, innen származik.

A város történelmében fontos időpont 1312. június 15-e, amikor a rozgonyi csatában, Kassa megvédte saját függetlenségét és segítséget nyújtott Károly Róbertnek, hogy legyőzze ellenfeleit, Omodé és Csák Máté egyesült seregét. Az Anjou királyok a segítségnyújtást kiváltságok odaajándékozásával hálálták meg. 1342-ben és 1347-ben szabad királyi rangú várossá emelték, 1369-ben pedig címert kapott a város.

A XIV. és XV. század Kassa felvirágzásának időszaka. A kézművesség, a kereskedelem fellendítette a várost. A város megszerezte a barchetszövet előállításának kizárólagos jogát, saját pénzt veretett és felépítette a Szent Erzsébet-székesegyházat. 1440 után rövid időn át Jan Jiskra főparancsnok székelt Kassán. A városra ebben az időszakban kulturális, társadalmi és demográfiai növekedés jellemző.

A XVI. században a reformáció hulláma megérintette a várost és a XVII. századig a városiak nagy része Luther vagy Kálvin tanainak követője volt.

Az 1536-os évben Zápolya János foglalta el a várost, a magyar lakosság aránya ebben az időben gyors ütemben növekedett. A török előrenyomulás következtében a XVI. század második felében Kassa katonai és közigazgatási központtá vált.

Az ellenreformációs küzdelmek idején Kassát 1604-ben Bocskai István és később 1619-ben Bethlen Gábor szerezte meg. Az ő halála után a város a császáré lett, de 1644-ben I. Rákóczi György uralta. 1670-ben itt találkoztak a Wesselényi-összeesküvés vezetői, 1682-ben Thököly Imre foglalta el. II. Rákóczi Ferenc felkelésének idején (1703-1711) a háborús bizonytalanság, tűzvész és a pestisjárvány a város gazdasági és demográfiai visszaesését hozta magával.

A XVIII. század viszonylagos nyugalma a szigorú rekatolizációval járt együtt. A század végén a keresztény felekezetek egyenrangúsítása hozta el a vallási békét. A XIX. század elején épülhettek fel a protestáns templomok a város központjában, sőt ebben az időben kezdett növekedni a zsidó lakosság is, elsősorban a Kárpátaljáról és Halič vidékéről települtek át Kassára. 1804-ben hozták létre a kassai püspökséget, melynek első püspöke Szabó András lett, aki az első kassai kórház megalapítója is volt. A XIX. század első felében a magyar szabadság eszméjének egyik központja volt a város. Az 1848-as forradalmat azonban az osztrák és cári hadsereg egyesült erővel leverte.

A XIX. század második felétől a város ipari, gazdasági, társadalmi és közigazgatási központtá fejlődött. 1856-ban Kassát rákapcsolták a telegráf-hálózatra, 1860-ban ért el ide a vasút, később megoldották a közvilágítást és vízvezetéket, valamint csatornahálózatot építettek ki. Az 1867-es osztrák-magyar kiegyezés után a magyar öntudat megerősödésének az időszaka kezdődött. A XIX. és XX. század fordulója a gyors fejlődés időszaka volt, mely a belváros gyorsütemű építésével és a történelmi városrész felújításával párosult.

Az első világháború ideje alatt Kassa a frontvonal hátországaként szolgált. 1818 utolsó napján az új államalakulat, a Csehszlovák Köztársaság része lett. 1924-től a maratonfutás is hagyományként őrződik, ugyanebben az évben jött létre a kassai rádió. Új lakónegyedek épültek, és 1935-ben megtalálták a Fő utcán a „Kassai Kincseket". Ebben az időszakban a baloldali munkásmozgalom is jelen volt a város életében.

A bécsi döntés alapján 1938 novemberében Kassa visszakerült Magyarországhoz és a Horthy Miklós által vezetett ország része lett. A háború miatt visszaesett a város, a zsidó lakosságnak 1944-ben történő deportálását és a fasizmus jelenlétét a Vörös Hadsereg váltotta fel, mely 1945. január 19-én foglalta el Kassát. Ezzel új időszámítás kezdődött a város életében. 1945. január 21-én Kassa Csehszlovákia része lett, egy időre pedig a fokozatosan előretörő orosz hadsereg mögötti ország fővárosa volt.

A háború utáni fejlődésben oroszlánrésze volt a Kelet-szlovákiai Vasmű felépítésének, mely az egész ország területéről érkezőknek munkát kínált. A lakosság száma rohamosan növekedett, lakótelepek építésére volt szükség, így a történelmi óváros körül fokozatosan vasbetonból épített városrészek jelentek meg. Napjainkban Kassa modern nagyváros, mely a kelet-szlovákiai régió közigazgatási központja. Előnyös földrajzi elhelyezkedése, három szomszédos állam közelsége (Magyarország 20 km, Ukrajna 80 km, Lengyelország 120 km távolságra van) kitűnő feltételeket teremtenek a kereskedelem számára.

A városban jelenleg nagykereskedelemmel foglalkozó jelentős vállalatok és cégek találhatók, ezen kívül vendéglátóipari létesítmények, pénzintézetek és bankok is. A kohászaton kívül a gépipar, építőipar, élelmiszeripar, textilipar és a nyomdaipar érdemel említést. Kassa azonban nemcsak ipari létesítmények székhelye, hanem tudományos, oktatási és kulturális intézmények sora található itt, s a sportra és szórakozásra is számos lehetőség adott. 1983-ban a várost műemléknek nyilvánították, így érthető, hogy külföldi látogatók százai keresik fel.

Ezennel meghívjuk Önöket a város utcáira, fedezzék fel annak titkát és varázsát, a történelmi emlékek szépségét és jelenlegi pezsgő életét.

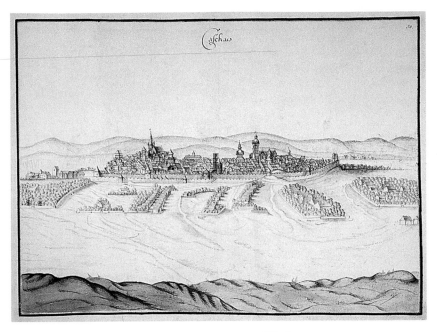

1

Najstaršie doposiaľ známe pohľady na mesto od neznámeho autora, pochádzajú z druhej polovice 16. storočia. Zachytávajú mesto zo západu (1) a z východu (2).

Die ältesten bisher bekannten Stadtansichten von einem unbekannten Autor stammen aus der zweiten Hälfte des 16. Jahrhunderts. Sie erfassen die Stadt von der West- (1) und Ostseite (2) her.

The oldest-known views of the town, by an unknown artist, date from the later 16th century. They show the town from the west (1) and the east (2).

Eddigi ismereteink szerint a legrégebbi képek a városról ismeretlen szerzőtől maradtak ránk a XVI. század második feléből. A várost nyugati (1) és keleti (2) irányból ábrázolják.

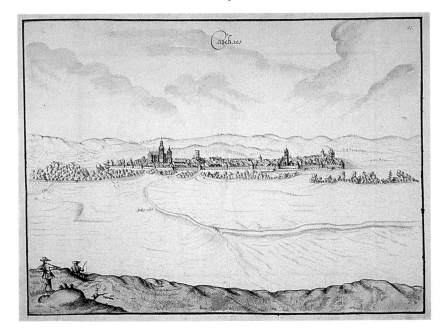

2

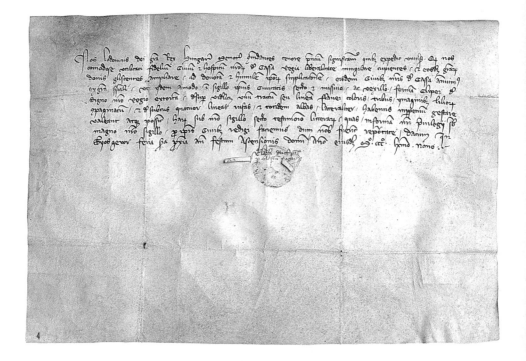

3

Prvá písomná zmienka o Košiciach pochádza z roku 1230. Je ňou ľubinská listina (3), zmluva o predaji pozemkov. Košice sa v tejto listine pomenúvajú kráľovsky „Villa Cassa", ktoré sa v latinčine vyvinulo do názvu Cassovia, v nemčine Kaschau a v maďarčine Kassa. Pre mesto Košice druhou najvzácnejšou listinou (4) je prvé listinné udelenie erbu (5) právnickej osobe – mestu, v Európe zo dňa

7. mája 1369. Tento deň sa od roku 1994 oslavuje ako „Deň mesta Košice". Konečnú podobu získal mestský erb štvrtou kráľovskou listinou z roku 1502 a používa sa aj v súčasnosti. Jedným z najpôsobivejších zobrazení stredovekých Košíc je kolorovaná mediritina z roku 1617, známa ako Houffnagelova veduta (6).

4

he first written mention of Košice appears in the year 1230, in a document recording the sale of land at nearby Ľubina (3). Košice is referred to in this document as the royal "Villa Cassa", which developed into the Latin name Cassovia, Kaschau in German and Kassa in Hungarian. Another particularly valuable document (4) for Košice is the warrant dated 7th May 1369 granting a coat of arms (5) for the first time in Europe to a town as a legal entity. Since 1994 this day has been celebrated as "Košice City Day". The city's coat of arms acquired its final form, as used at the present time, with the fourth in the series of armorial warrants in 1502. One of the most impressive illustrations of medieval Košice is the tinted etching dated 1617 known as Houffnagel's View (6).

ie erste schriftliche Erwähnung von Košice stammt aus dem Jahre 1230 (2). Es handelt sich um das Ľubina-Dokument, einen Vertrag über einen Grundstücksverkauf. Košice wird in dieser Urkunde als königliche „Villa Cassa" bezeichnet, was sich im Lateinischen zu „Cassovia", im Deutschen zu „Kaschau" und im Ungarischen zu „Kassa" entwickelte. Ein außerordentlich wertvolles Dokument (4) für Košice ist auch der Wappenbrief (5), zum ersten Mal einer juristischen Person – einer Stadt in Europa – zuerkannt, und zwar am 7. Mai 1369. Dieser Tag wird seit 1994 als „Tag der Stadt Košice" gefeiert. Sein endgültiges Aussehen, das auch in der Gegenwart benutzt wird, bekam das Stadtwappen erst durch den vierten Wappenbrief von 1502.Eine der wirkungs-vollsten Darstellungen des mittelalterlichen Košice ist der kolo-rierte Kupferstich aus dem Jahre 1617, bekannt als Houffnagel-Vedute (6).

Kassát érintő első írásos dokumentum 1230-ból származik. A várost ebben az oklevélben (3) királyi „Villa Cassa" néven említik, mely latin nyelven Cassovia formát kapott, németül Kaschau, magyarul Kassa, szlovákul Košice alakot öltött. Nagyon értékes oklevél (4) a címer adományozása (5), mely elsőként adományozott címere Európának, melyet jogi személy kapott, 1369 május 7.-én. Ezt a napot 1994 óta mint „Kassa város napját" ünneplik. A címer ma is használatos formáját a sorrendben negyedik oklevél által nyerte el 1502-ben. A középkori Kassa egyik legjellekzetesebb ábrázolása az 1617-ből származó rézmetszet, mely Houffnagel redutájaként ismert (6).

7

áklady opevneného útvaru dlhého 200 m, s dvoma kruhovými a jednou trojuholníkovou vežou, boli objavené aj na vrchu Hradová (466 m n. m.) (7). Predpokladá sa, že sú to pozostatky hradu zo 14. storočia z obdobia palatína Omodeja. Vďaka výbornému výhľadu do Košickej kotliny umožňoval panovníkom kontrolu dvoch významných obchodných ciest, od Balkánu cez Potiskú nížinu na Spiš a do Pruska alebo cez Halič do Ruska.

oundations of a 200-metre long fortified structure with one triangular and two circular towers have been found on top of the hill Hradová (466 m above sea-level) (7). These are assumed to be the remains of a fortress built in the 14th C by Palatine Omodej. Once completed, the castle´s position would have enabled the Palatine to control proceedings in Košice.

rundmauern eines befestigten, 200 m langen Gebildes mit einem dreieckigen und zwei Rundtürmen wurden auch auf dem Berg Hradová (466 ü. d. M.) (7) entdeckt. Man nimmt an, dass es sich um die Überreste einer Burg aus dem 14. Jahrhundert handelt, die Palatin Amadeus errichten ließ. Dank ihrer Lage über der Stadt hätte sie dem Palatin nach ihrer Vollendung die Kontrolle des Geschehens in Košice ermöglicht.

200 méter hosszúságú fal alapjait, melyhez két köralapú és egy háromszögalapú torony tartozott, a Várhegyen fedezték fel, melynek tengerszint felett magassága 466 méter (7). Feltételezik, hogy ez a lelet a XIV. században Omodé palatínus által épített vár maradványa. Az erődítmény megépülése lehetőséget nyújtott a palatínus számára a város ellenőrzésére.

8

Najzachovalejšími pozostatkami niekdajších stredovekých mestských hradieb merajúcich 2555 m sú Katova bašta (8), bašta na Krmanovej ulici (11) a rekonštruované hradby na Hradbovej ulici (10). Na nádvorí Katovej bašty sa nachádza kópia orientálneho domu z tureckého mesta Rodošto (9), v ktorom žil v exile František II. Rákoci, posledný vodca protihabsburgského hnutia.

The best-preserved remnants of the time medieval town walls, measuring 2555 metres in circumference, are the Executioner´s Bastion (8), the bastion on Krmanova Street (11) and the reconstructed walls on Hradbova Street (10). In the courtyard of the Executioner´s Bastion stands a copy of the oriental-style house from the Turkish town of Rodosto, in which Ferenc Rákóczi lived in exile (9), the last leader of the 18th C aristocrats´ uprising against the Habsburgs.

9

Die besterhaltenen Reste der einstigen mittelalterlichen, 2555 m langen Stadtmauern sind die Henkerbastei (Katova bašta) (8), die Bastei an der Krman-Straße (11) und die rekonstruierten Mauern der Schanzenstraße (Hradbová ul.) (10). Auf dem Hof der Henkerbastei befindet sich die Kopie eines orientalen Hauses aus der türkischen Stadt Rodosto, in dem Franz Rákóczi II., der letzte Führer des antihabsburgischen Ständeaufstandes, im Exil lebte (9).

A középkori várfal, mely 2555 méter hosszú volt, legjobb állapotban megőrződött maradványai a Hóhér-bástya (8), a Krman utcai bástya (11 és a Hradbová utca (10) felújított várfalrésze. A Hóhér-bástya udvarán található II. Rákóczi Ferenc rodostói házának másolata (9), melynek belső berendezése eredeti.

ozostatky dolnej mestskej brány boli objavené v rokoch 1996-1997 pri rozsiahlej rekonštrukcii na Hlavnej ulici. Archeologické náleziská (12, 13) sú sprístupnené južne od Dómu sv. Alžbety.

12

he remains of the lower town gate were discovered during the extensive reconstruction of the Main Street paving between 1996-1997. They are open to the public as an archaeological site (12, 13) to the south of the Cathedral.

ie Überreste der unteren Stadttores wurden 1996-1997 bei einer umfangreichen Rekonstruktion der Pflasterung der Hauptstraße entdeckt. Als archäologischen Fundort (12, 13) kann man sie südlich vom St-Elisabeth-Dom besichtigen.

z ún. Alsókapu maradványai 1996-98-ban lettek feltárva a Fő utca nagyméretű felújítása során. Mindez meg is tekinthető a Szent Erzsébet-dóm déli oldalán (12, 13).

13

Historickému centru mesta dominuje Hlavná ulica s paralelnými a bočnými uličkami. Hlavná ulica má charakteristický šošovkovitý pôdorys, čo najlepšie vidno z vtáčej perspektívy. Rozsiahla rekonštrukcia centra v rokoch 1996-97 odhalila nielen historicky vzácne archeologické nálezy, ale rekonštruované budovy znovu získali svoju dych vyrážajúcu krásu. Presvedčte sa o tom sami!

Im historischen Stadtzentrum dominieren die Hauptstraße mit ihren Parallel- und Nebenstraßen. Die Hauptstraße hat den typischen linsenförmigen Grundriss, was am besten aus der Vogelperspektive zu sehen ist. Die umfangreiche Rekonstruktion des Zentrums in den Jahren 1996-1997 brachte nicht nur historisch wertvolle archäologische Funde ans Licht, sondern gab den rekonstruierten Gebäuden auch ihre atemberaubende Schönheit zurück. Überrzeugen Sie sich selbst!

The historical centre is defined by the Main Street and its parallel and crosswise side-streets. The Main Street has a characteristic lens-shape plan, best seen from a bird´s-eye view. The extensive reconstruction of the centre in 1996-97 not only revealed historically-valuable archaeological finds, but the reconstructed buildings regained their breath-taking beauty. You can find out for yourselves!

A történelmi városközpont a Fő utca és a köréje épült párhuzamos valamint oldalutcákból áll. Madártávlatból kitűnően látható, hogy a Fő utcának jellegzetes lencseszerű formája van. Az 1996 és 1997-es években az utca felújítása során nemcsak értékes régészeti leletekre bukkantak, hanem a felújított épületek is visszakapták varázsos szépségüket. Győződjenek meg erről Önök is!

Východoslovenské múzeum
The East Slovakian Museum
Ostslowakisches Museum
A Kelet-szlovákiai Múzeum

Univerzitný kostol Sv. Trojice
The University Church of the
Holy Trinity
Universitätskirche St. Trinitatis
A Szentháromság-templom

Kaplnka sv. Michala
St. Michael´s Chapel
St. Michaels-Kapelle
A Szent Mihály-kápolna

Východoslovenské múzeum
The East Slovakian Museum
Ostslowakisches Museum
A Kelet-szlovákiai Múzeum

Levočský dom
The Levoča House
Leutschau-Haus
A Lőcsei-ház

Župný dom
The Shire Hall
Gauhaus
A Megyeháza

Slovenské technické múzeum
The Slovak Technical Museum
Slowakisches Technisches Museum
A Szlovák Műszaki Múzeum

Divadlo Janka Borodáča
The Theatre of Janko Borodáč
Janko-Borodáč-Theater
A Janko Borodáč Színház

Forgáčov palác
The Forgách Palace
Forgách Palast
A Forgách-palota

Kostol františkánov
The Franciscan Church
Franziskanerkirche
A Ferenc-rendiek temploma

Urbanova veža
Urban´s Tower
Urbansturm
A Orbán-torony

Miklušova väznica
The Mikluš Prison
Mikluš-Gefängnis
A Miklós-börtön

Čákyho-Dessewfyho palác
Csáky-Dessewfy Palace
Csáky-Dessewfy Palast
A Csáky-Dessewfy Palota

Radnica
The Town Hall
Rathaus
A Városháza

Dominikánsky kostol
The Dominican Church
Dominikaner-Kirche
A Domonkos templom

Mariánsky stĺp – Immaculata
The Immaculata Group – The
Virgin Mary´s Column
Statuengruppe – Mariensäule
Immaculata szoborcsoport –A
Mária-oszloppal

Dóm sv. Alžbety
The Cathedral of St. Elizabeth
St. Elisabeth-Dom
A Szent Erzsébet-dóm

Jakabov palác
Jakab´s Palace
Jakab-Palast
A Jakab-palota

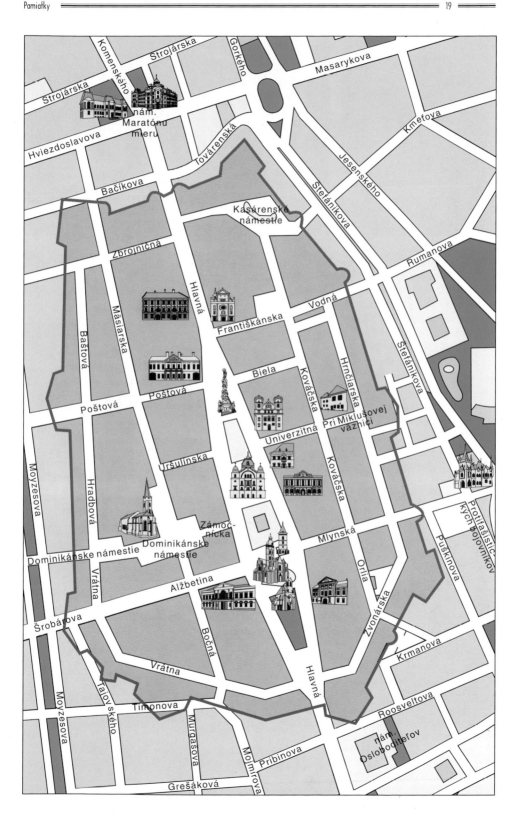

14

15

Východoslovenské múzeum (18), postavené v novorenesančnom slohu v rokoch 1896-99, sa nachádza na námestí Maratónu mieru. Námestie je pomenované podľa každoročne sa konajúcej medzinárodnej športovej akcie. Mená víťazov sú zvečnené na podstavci sochy maratónca od ak. sochára Arpáda Račku, nachádzajúcej sa pred budovou múzea. Na nádvorí múzea stojí drevený kostolík z Kožuchoviec, prenesený sem v roku 1927. V múzeu sú od roku 1903 sprístupnené rozsiahle expozície dejín východoslovenského regiónu, archeológie (16), numiz-

16

matiky (17), zlatníctva a šperkárstva. K najcennejším skvostom múzea nepochybne patrí známy Košický zlatý poklad, pozostávajúci z 2920 zlatých mincí (15) a zlatej reťaze (14). Časť umelecko-historických expozícií a prírodovedná expozícia múzea sú umiestnené v secesnej budove vojenského veliteľstva z roku 1908, známej pod názvom „Divízia" (20).

17

18

he East Slovakian Museum (18), built in neo-Renaissance style between 1896-99, can be found in Peace Marathon Square. This square is named after Košice´s annually-held international sporting event. Winners´ names are recorded for posterity on the plinth of the Marathoner Statue, created by the sculptor Arpád Račko, which stands in front of the Museum. In the Museum courtyard there is a traditional wooden church, brought here from the village of Kožuchovce in 1927. Since 1903 the Museum has housed wide-ranging exhibitions displaying the history of the East Slovakian region in terms of archaeology (16), numismatics (17), goldsmiths´ and jewellers´ arts. The Museum´s most valuable exhibit is surely the well-known Košice Gold Treasure,

consisting of 2920 gold coins (15) and chains (14). A number of the art-historical exhibits and the Museum´s natural science exhibition are housed in the 1908 Secession-style military headquarters building generally known as "The Division" (20) just across the Square.

as 1896-99 im Neu-Renaissance-Stil errichtete Ostslowakische Museum (18) befindet sich auf dem Platz des Friedensmarathons (Nám. Maratónu mieru). Der Platz trägt seinen Namen nach der jährlich stattfindeten internationalen Sportveranstaltung. Die Namen der Sieger sind auf dem Sockel der Statue des Marathonläufers von Arpád Račka vor dem Museumsgebäude verewigt. Auf dem Museumshof steht eine Holzkirche aus Kožuchovce, die 1927 hierhergebracht wurde. Im Museum kann man seit 1903 die umfangreichen Expositionen über die Geschichte der ostslowakischen Region, Archäologie (16), Numismatik (17), Goldschmiede- und Schmuckhandwerk besichtigen. Zu den wertvollsten Kleinodien des Museums gehört zweifelsohne der bekannte Košicer Goldschatz, der aus 2920 Goldmünzen (15) und einer Goldkette (14) besteht. Ein Teil der kunsthistorischen Expositionen und die naturwissenschaftliche Ausstellung des Museums sind im Jungendstilgebäude des Militärkommandos von 1908, das unter dem Namen „Divízia" (20) bekannt ist, untergebracht.

Kelet-szlovákiai Múzeum (18) épületét 1896 és 1899 között építették neoreneszánsz stílusban. Az épület a Békemaraton terén áll, mely az évente megrendezett nemzetközi sporteseményről kapta a nevét. A múzeum előtt áll Arpád Račko szobrászművész alkotása, melynek alapzatán megörökítik a verseny győzteseinek nevét. A múzeum udvarán egy Kožuchovból származó fatemplom áll, melyet 1927-ben helyeztek ide. A múzeumban 1903-tól gazdag gyűjtemény található a kelet-szlovákiai régió történelméről, régészeti leleteiből (16), továbbá érmegyűjteményből (17), aranyműves tárgyakból és ékszerekből áll. Kétségkívül a múzeum legértékesebb tárgyai közé az ismert Kassai Kincs tartozik, mely 2920 darabból álló aranyérme (15) és aranylánc (14) együttes. A művészeti-történelmi kiállítás egy része és a természettudományi kiállítás az 1908-ból származó katonai parancsnokság szecessziós épületében található (20).

V Slovenskom technickom mú-
zeu (22), pôvodne slúžiacom
ako Kapitánsky palác, sú v súčasnosti
vystavené hodnotné technické pamiatky
(24, 25, 26, 27), exponáty umeleckého
kováčstva (21), úžitkové a umelecké
predmety z kovov (23).

The Slovak Technical Museum
(22), which originally served
as the Capitanate Palace, at present dis-
plays precious items of technical herit-
age (24, 25, 26, 27), pieces of artistic
wrought-ironwork (21), and commercial
and artistic metal objects (23).

Im Slowakischen Technischen Mu-
seum (22), das ursprünglich als
Kapitänspalast diente, sind heute wert-
volle technische Andenken (24, 25, 26,
27) und Exponate des Kunstschmiede-
handwerks (21), Gebrauchs- und Kunstge-
genstände aus Metall, ausgestellt (23).

21

22

A Szlovák Műszaki Múzeumban (22), melynek épülete a Főkapitányok Házaként ismert a múltból, napjainkban a műszaki fejlődést megjelenítő tárgyak (24, 25, 26, 27), a kovácsművészet értékei (21) és használati fémtárgyak találhatóak (23).

23

24

25

26

27

eminárny kostol (30, 28), pôvodne postavený po roku 1400 rádom františkánov, bol zasvätený sv. Mikulášovi. Gotický kostol dostal neskôr barokovú fasádu. Kostol slúžil do roku 1668 ako vojenský sklad a kasárne. Od roku 1671 ho opäť prevzali františkáni, ktorí ho využívali až do zrušenia rádu v roku 1787. V jeho susedstve sa nachádza budova konviktu (29). Postavili ju v rokoch 1647-59, barokovo bola upravená po roku 1759. Počas revolúcie v rokoch 1848-49 bola využívaná ako vojenská nemocnica. Pôvodne slúžila ako internátna škola pre šľachtickú mládež. Od roku 1951 slúži konzervatóriu. V lete roku 1995 v nej krátko pobudol pápež Ján Pavol II.

he Seminary Church (30, 28), originally built in the early 15th C by the Franciscan Order, was consecrated to St. Nicholas. The Gothic church later acquired a Baroque façade. Until 1668 the church was used as a military stores and barracks, but in 1671 it was reclaimed by the Franciscans, who used it until their Order was abolished in 1787. Next door stands

28

the building of "the Convictory" (29), built between 1647-59 and restyled in Baroque after 1759. During the revolution of 1848-9 it was used as a military hospital, but it originally served as a boarding school for the youth of the aristocracy. Since 1951 it has housed the conservatoire. In the summer of 1995 Pope John Paul II spent some time here while visiting Košice.

29

ie ursprünglich vom Franziskanerorden nach 1400 errichtete Seminarkirche (30, 28) war dem Hl. Nikolaus geweiht. Die gotische Kirche erhielt später eine Barockfassade. Bis 1668 diente sie als Militärlager und Kaserne. 1671 übernahmen sie erneut die Franziskaner, die sie bis zur Auflösung des Ordens bis 1787 benützten. In ihrer Nachbarschaft befindet sich das 1647-59 erbaute und nach 1759 barockisierte Konviktgebäude (29). Während der Revolution von 1848-49 diente es als Militärkrankenhaus. Ursprünglich war es eine Internatsschule für adlige Jugendliche. Seit 1951 ist hier das Konservatorium untergebracht. Im Sommer 1995 diente es für kurze Zeit Papst Johannes Paul II. als Unterkunft.

Ferenc-rendiek egykori temploma (30, 28), mely 1400 után épült, a ferencesrend által Szent Miklós templomként lett felszentelve. A gótikus templom a későbbiekben barokk homlokzatot kapott. Egy időben, 1668-ig, katonai raktárként és kaszárnyaként használták. A ferencesek 1671-ben vették vissza és egészen a rend megszűnéséig, 1787-ig használták. A templom mellett a konviktus épülete áll (29), melyet 1647-59-ben építettek és 1759 után barokk stílusban átépítettek. Az 1848-49-es szabadságharc ideje alatt katonai kórházként szolgált. Korábban a nemes ifjúság bentlakásos iskolájaként használták. Az épület 1951 óta a zenei konzervatóriumnak ad helyet. 1995-ös látogatásakor II. János Pál pápa is töltött itt egy rövid időt.

oprednou klasicistickou stavbou z prvej polovice minulého storočia je palác grófa Antona Čákyho z roku 1807, neskôr grófa Dessewfyho. Palác bol v rokoch 1948-1990 sídlom Východoslovenskej galérie, dnes je sídlom Ústavného súdu Slovenskej republiky (31, 32).

in hervorragendes klassizistisches Gebäude aus der ersten Hälfte des 19. Jahrhunderts ist der Palast des Grafen Anton Csáky von 1807, der später Graf Dessewfy gehörte. 1948-1990 war er Sitz der Ostslowakischen Galerie, heute befindet sich hier das Verfassungsgericht der Slowakischen Republik (31, 32).

he centre's principal neo-Classical building is Count Anton Csáky's Palace from 1807, later Count Dessewfy's Palace. From 1948 to 1990 this housed the East Slovakian Gallery, and today it is the seat of the Constitutional Court of the Slovak Republic (31, 32).

XIX. század első felének jelentős klasszicista épülete (1807-ből származik) Csáky Anton gróf palotája, mely később Dessewfy grófé lett. A palota 1948-tól 1990-ig a Keletszlovákiai Képtár székhelye volt, napjainkban pedig a Szlovák Köztársaság Alkotmánybírósága székel itt (31, 32).

Najkrajšou barokovou sochárskou pamiatkou v meste je súsošie Immaculaty – Mariánsky stĺp (33). Postavený bol v rokoch 1720-23 na mieste bývalého popraviska ako ďakovný stĺp Panne Márii za odvrátenie morovej epidémie v rokoch 1709-10.

The most beautiful piece of Baroque sculptural heritage in the city is the Immaculata group, or the Virgin Mary´s Column (33). This was erected between 1720-23 in the place of the former execution spot as a column of thanksgiving to the Virgin Mary for warding off the plague epidemic of 1709-10.

Das schönste Barock-Denkmal ist die Statuengruppe Immaculata – die Mariensäule (33). Sie entstand in den Jahren 1720-23 an der Stelle der ehemaligen Richtstätte als Dank an die Jungfrau Maria für die Abwendung der Pestepidemie von 1709-10.

A város legszebb barokk szoborműemléke az Immaculata szoborcsoport a Mária-oszloppal (33). A szoborcsoportot a városi kivégzőhely helyén állították fel 1720-23-ban Szűz Máriának szóló hálaadásként, a pusztító 1709-10-es pestisjárvány elmúltával.

niverzitný kostol sv. Trojice (34, 35) je nádhernou stavbou, kde sa prelína renesancia s barokovým slohom. Postavili ho v roku 1681 jezuiti, ktorým patril do roku 1773. Od roku 1811 ho vlastnia premonštráti z Jasova. Jeho krásne nástenné maľby sú dielom Erazma Schrötta z roku 1788 a Richarda Orosza z roku 1930. Vedľa univerzitného kostola bola v roku 1657 založená jezuitská univerzita, potvrdená v roku 1660 Zlatou bulou cisára Leopolda I. Po zrušení jezuitského rádu sa univerzita v roku 1776 zmenila na Kráľovskú akadémiu, neskôr na Právnickú akadémiu a v roku 1921 zanikla.

he University Church of the Holy Trinity (34, 35) is a superb building in which Renaissance style overlaps with the Baroque. It was built by the Jesuits in 1681 and belonged to them until 1773. Since 1811 it has been the property of the Premonstratensians in Jasov. Its beautiful mural paintings are the work of Erazmus Schrött (1788) and Richard Orosz (1930). In 1657 the Jesuit University was founded in the building next to the church, and confirmed in 1660 by a Golden Bull of Emperor Leopold I. In 1776, following the abolition of the Jesuit Order, the university was changed into the Royal Academy and later into the Law Academy, and was finally closed in 1921.

ie Universitätskirche St. Trinitatis (34, 35) ist ein wunderschönes Gebäude, an dem Renaissance und Barock ineinander übergehen. 1681 wurde sie von den Jesuiten erbaut, denen sie bis 1773 gehörte. Seit 1811 ist sie im Besitz der Prämonstratenser von Jasov. Ihre schönen Wandgemälde sind das Werk von Erasmus Schrött (1788) und Richard Orosz (1930). Neben der Universitätskirche entstand 1657 die jesuitische Universität, die 1660 durch die Goldene Bulle Kaiser Leopolds I. bestätigt wurde. Nach der Auflösung des Jesuitenordens verwandelte sie sich 1776 in die Königliche Akademie, später die Juristische Akademie, die 1921 erlosch.

Szentháromság-templom (34, 35), mely premontrei templomként ismert, gyönyörű épület, melynél a reneszánsz és a barokk stílus találkozik. A jezsuiták építették 1681-ben, és egészen 1773-ig ők is használták. A jászói premontrei kanonokrendé 1811-ben lett. Csodálatos falfestményeit Schrött Erazmus készítette 1788-ban, később Orosz Richárd alkotott itt 1930-ban. A templom mellett 1657-ben lett kezdett működni a jezsuita iskola, melyet I. Leopold császár 1660-ban aranybullával erősített meg. A jezsuitarend megszüntetése után 1776-ban Királyi Akadémiaként működött az intézmény, később jogi akadémia lett, majd 1921-ben megszűnt.

Levočský dom (36, 37) postavený v gotickom slohu v 15. storočí odkázal v roku 1542 palatín Turzo svojmu rodisku – mestu Levoča. Mesto Košice ho síce v roku 1569 odkúpilo, ale pôvodný názov sa zachoval dodnes. Zriadil sa v ňom ubytovací hostinec, ku ktorému patril aj pivovar.

The Levoča House (36, 37), built in Gothic style in the 15th C, was dedicated by Palatine Thurzo in 1542 to his birth-place, the town of Levoča. Bought by Košice town in 1569, the original name has nevertheless been preserved to this day. An inn was established here, to which a brewery also belonged.

Das im 15. Jahrhundert im gotischen Stil errichtete Leutschau-Haus (36, 37) vermachte Palatin Turzo 1542 seiner Heimatstadt Leutschau (Levoča). Die Stadt Košice kaufte es zwar im Jahre 1569 ab, die ursprüngliche Bezeichnung blieb aber bis heute erhalten. Man richtete hier ein Wirtshaus mit Herberge ein, zu dem auch eine Brauerei gehörte.

A Lőcsei-ház (36, 37) a XV. században gótikus stílusban épült. Turzo palatinus 1542-ben szülővárosának, Lőcsének adományozta. Kassa 1569-ben ugyan visszavásárolta, de az elnevezés egészen máig megmaradt. Szálláshelyként használták, melynek vendéglőjéhez sörfőzde is tartozott.

ivadlo (38, 39, 41), postavené v rokoch 1897-99 v novo-
barokovom slohu podľa projektu Adolfa Langa, je
unikátnym dielom staviteľských firiem bratov Jakabovcov a Micha-
la Repászkeho. Kupolu budovy zdobí autentická kópia plastiky
Aurory – priateľky múz (40). Hľadisko je lýrovitého tvaru (43),
s bohatou sochárskou a ornamentálnou výzdobou. Kupola hlavnej
sály (42) je zdobená úchvatnými výjavmi
zo Shakespearových hier. Plastická výzdoba
je dielom Ede Mayera z Budapešti, stropné
malby Peregrina Gastgeba z Viedne. V sú-
časnosti divadlo nesie meno Janka Borodáča,
národného umelca a prvého povojnového
riaditeľa divadla.

The theatre (38, 39, 41), built between 1897-99 in neo-
Baroque style to the plan of Adolf Lang, is a unique
piece of work by the construction firms of the Jakab brothers
and Michal Repászky. The building´s cupola is adorned with a
copy of the figure of Aurora, friend of the Muses (40). The audi-
torium is lyre-shaped (43), with rich sculptural and ornamental
decoration. The cupola of the main hall (42) is deco-
rated with breath-taking scenes from Shakepeare´s
plays. The sculptural decoration is the work of Edi
Mayer of Budapest, and the ceiling paintings are by
Peregrin Gastgeb of Vienna. Today the theatre bears
the name of Janko Borodáč, national artist and first
post-war director of the theatre.

Das Theater (38, 39, 41) aus den Jahren 1897-99 im Neu
barockstil nach einem Projekt von Adolf Lang ist das
einzigartige Werk der Baufirmen der Brüder Jakab und Michal
Repászkys. Die Kuppel des Gebäudes schmückt eine authentische
Kopie der Plastik der Aurora – der Freundin der Musen (40). Der
Zuschauerraum in Lyraform (43) hat üppigen Bildhauer- und
Ornamentalschmuck. Die Kuppel des Hauptsaales (42) verzieren
hinreißende Szenen aus Shakespeare-Dramen. Der Plastikschmuck
ist das Werk von Ede Mayer aus Budapest, die Deckengemälde
sind von Peregrin Gastgeb aus Wien. Heute trägt das Theater den
Namen des Nationalkünstlers und seines ersten Nachkriegs-
direktoren Janko Borodáč.

Az Állami Színház (38, 39, 41) Láng Adolf tervei alapján
1897-99-ben épült neobarokk stílusban, mégpedig
Repászki Mihály és a Jakab testvérek építkezési vállalatának
egyedi műveként. A kupolát Aurora (40) autentikus plasztika-
másolata díszíti. A nézőtér (43) lant formájú, szobrokkal és
díszítménnyel gazdagon ékesített. A főterem kupolájára (42)
Shakespeare színjátékaiból származó lenyűgöző jeleneteket
festettek. A domborműdíszítés a budapesti Mayer Ede munkája,
a mennyezeti festmények a bécsi Gastgeb Peregrint dícsérik. A
színház jelenleg Janko Borodáč nevét viseli, aki mint érdemes
művész a színház első, háború utáni igazgatója volt.

39

40

41

42

43

rbanova veža (45, 47) zvaná aj Červená, slúžila ako zvonica dómu, bola postavená v 14. storočí. Súčasný názov nesie po zvone Urban, ktorý bol zasvätený sv. Urbanovi – patrónovi vinohradníkov. Zvon vážiaci 5 ton, odliaty v roku 1557, je dielom zvonolejára Františka Illenfelda. Do veže bol zavesený až v roku 1628. V rokoch 1556, 1775 a 1966 veža vyhorela a viackrát bola prestavovaná. Na jej obvod pristavali arkádovú chodbu a do jej múrov vsadili náhrobné kamene z dómu a blízkeho stredovekého cintorína (44). Vzniklo tak na slovenské pomery unikátne lapidárium. Pôvodný zvon Urban, poškodený požiarom v roku 1966, poskladaný z úlomkov je dnes vystavený pred vežou (46). Od roku 1996 sa z veže ozýva hlahol vernej kópie zvona Urban, odliatej vo VSŽ.

rban´s Tower (45, 47), also known as the Red Tower, was built in the 14th C and used to serve as the Cathedral bell-tower. The present name is due to the great bell Urban, consecrated to St. Urban, the patron saint of wine-growers. This bell, weighing 5 tonnes and cast in 1557, is the work of bell-maker František Illenfeld, and was hung in the tower as late as 1628. The tower burned out in 1556, 1775 and 1966, and has been rebuilt several times in various styles. An arcade walkway was later built onto the outside and tombstones from the Cathedral and nearby medieval grave-yard were set in its walls, creating what is in Slovakian terms a unique lapidarium (44). The original bell named Urban, smashed in the 1966 fire but reconstituted from the pieces, is on display today outside the tower (46). Since 1996 the peals coming from the tower have been made by a faithful copy of the old Urban, cast by VSŽ Foundries.

Der Urbansturm (45, 47), auch Roter Turm genannt, diente als Glockenturm des Domes und wurde im 14. Jahrhundert umgebaut. Seinen heutigen Namen erhielt er nach der Glocke Urban, die St. Urban, dem Patron der Weinbauern, geweiht wurde. Die im Jahre 1557 gegossene und 5 Tonnen wiegende Glocke ist das Werk des Glockengießers František Illenfeld. Erst 1628 wurde sie im Turm aufgehängt. 1556, 1775 und 1966 brannte der Turm aus und wurde mehrmals umgebaut. An seine Außenmauern wurden ein Arkadengang angebaut und Grabsteine aus dem Dom und dem nahen mittelalterlichen Friedhof in die Wände eingelassen (44). So entstand ein für slowakische Verhältnisse einzigartiges Lapidarium. Die aus ihren Bruchstücken zusammengesetzte Originalglocke Urban, die das Feuer von 1966 beschädigt hatte, ist heute vor dem Turm ausgestellt (46). Seit 1996 ertönt vom Turm der Klang einer originalgetreuen Kopie der Glocke Urban, die in der Firma VSŽ gegossen wurde.

Az XIV. században épült Orbán-torony (45, 47), melyet Vörös-toronynak is neveznek, mint a dóm harangtornya szolgált. Jelenlegi nevét az Orbán-harangról kapta, mely a szőlőművelés védőszentjeként tisztelt Orbán nevére lett felszentelve. A harang 5 tonna súlyú, és 1557-ben öntötték Illenfeld Ferenc harangöntő mester műhelyében. A toronyba 1628-ban húzták fel. A torony többször is (1556, 1775, 1966) tűz áldozata lett és többször átépítették. Köré árkádos folyosót építettek, a falába a dómból és közeli középkori temetőből származó sírköveket helyeztek. Így jött létre az egyedi kőtár (44). Az eredeti Orbán-harang az 1966-os tűzben megsérült, de darabjaiból összeállítottan a torony előtt látható (46). A Kelet-szlovákiai Vasműben 1996-ban öntötték az eredeti harang pontos mását, melynek hangja a toronyból most is hallható.

Klasicistická budova radnice (48, 49) bola postavená v rokoch 1779-1780. V jej dvore bolo v roku 1927 postavené moderné kino Fórum. V rokoch 1928-1996 slúžili tieto priestory pre mestskú knižnicu Jána Bocatia. Od roku 1997 jej priestory slúžia Magistrátu mesta Košice .

The neo-Classical building of the town hall (48, 49) was built in 1779-80. In 1927 the modern Forum Cinema was built in the courtyard. From 1928 to 1996 these premises housed the Ján Bocatius Library. In 1997 the building was taken over by the Košice Municipal Authority.

Das klassizistische Rathausgebäude (48, 49)entstand in den Jahren 1779-1780. In seinem Hof wurde 1927 das moderne Kino Forum erbaut. 1928-1996 dienten diese Räume der städtischen Ján-Bocatio-Bibliothek. Seit 1997 stehen sie dem Magistrat der Stadt Košice zur Verfügung.

A Városháza (48, 49) épülete 1779-1780-ban épült klasszicista stílusban. Belső udvarában 1927-ben filmszínházat alakítottak ki. Az épület 1928 és 1996 között könyvtárnak adott otthont. 1997-től a Polgármesteri Hivatal épületeként szolgál.

48

49

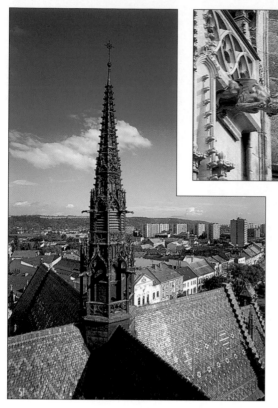

ajvýznamnejšou historickou pamiatkou, dominantou a pýchou mesta je Dóm sv. Alžbety (50). Najkrajší gotický chrám na Slovensku bol spolu s Urbanovou vežou a kaplnkou sv. Michala vyhlásený za národnú kultúrnu pamiatku. Jeho stavba sa začala okolo roku 1380, prebiehala v niekoľkých etapách a nikdy nebola úplne dokončená. Dóm odolal požiarom v rokoch 1556 a 1775, zemetraseniu v roku 1834, povodni v roku 1845 a víchrici v roku 1875. Z pôvodného zámeru postaviť päťloďovú baziliku, vznikol päťloďový kostol s krížnou loďou. Dóm meria v pozdĺžnej osi 60,5 m, v priečnej osi 39,5 m. Hlavná loď má rozpon 9,75 m (55). Nad krížením dómskych lodí sa nachádza drevená vežička, oplechovaná medeným plechom, nazývaná sanktus (51). Severná veža dómu s rokokovým zastrešením z roku 1775 je vysoká 58,5 m, hrebeň strechy je vo výške 32,2 m. Na ochodzi dómu je možné vidieť zaujímavé zoomorfné chrliče vody (52). Na juhozápadnom rohu má jeden z nich podobu ženy, údajne manželky majstra Štefana, takto potrestanej za nadmerné popíjanie vína. Umelecky najhodnotnejší a najhonosnejšie vyzdobený je severný portál dómu (54). V tympanóne je zobrazený posledný súd, obklopený piatimi reliéfmi – dvoma výjavmi zo života sv. Alžbety, Pannou Máriou so ženami, apoštolom Jánom s vojakmi a ukrižovaným Kristom. Vstup bol na prelome 19. a 20. storočia doplnený sochami uhorských svätcov – Imricha, Štefana, Alžbety Uhorskej, Ladislava a Henricha. Hlavný neskorogotický oltár (56) bol vyrobený v rokoch 1474-77. V arche oltára sú uložené plastiky Panny Márie s Ježiškom, sv. Alžbety Uhorskej a sv. Alžbety Biblickej. Na dvoch pároch oltárnych krídel je spolu 48 obrazov zobrazujúcich život sv. Alžbety Uhorskej, pašijový a adventný cyklus. Najstaršou pamiatkou v dóme je však bronzová krstiteľnica (58) z prelomu 13. a 14. storočia. Druhým najvzácnejším oltárom je neskorogotický oltár Navštívenia Panny Márie z roku 1516 (57). Mimoriadne cenné je aj nádherné kamenné pastofórium z rokov 1468-77. V roku 1906 bola v dóme vybudovaná krypta na uloženie pozostatkov Františka II. Rákociho (53). V sarkofágoch sú uložené aj pozostatky jeho matky Heleny Zrínskej a jeho najstaršieho syna Jozefa. Pochované sú tu aj pozostatky grófov Antona Esterháziho, Mikuláša Šibrika, Mikuláša Berčéniho a jeho manželky Kristíny Čákiovej.

he most important piece of heritage, the dominant building and pride of the city is the Cathedral of St. Elizabeth (50). This most beautiful of Slovakia's Gothic cathedrals has been declared, together with Urban's Tower and St. Michael's Chapel, a national cultural monument. The building of the Cathedral started around the year 1380 and continued in several stages, and has never been truly completed. The Cathedral survived fires in 1556 and 1775, an earthquake in 1834, floods in 1845 and gales in 1875. The original intention was to build a five-aisled basilica, but what has emerged is a five-aisled church with transepts. The Cathedral

measures 60.5 metres lengthways, and 39.5 m across the transepts. The span of the central nave vault is 9.75 m (55). Above the crossing of the nave and transepts stands a wooden spire clad in copper sheeting, known as the "sanctus"(51). The Cathedral's northern tower with its Rococo helm roof from 1775 is 58.5 m high, while the nave roof ridge is 32.2 m high. Interesting animal-shaped gargoyles (52) can be seen around the roof parapet. One of them on the south-eastern corner has the form of a woman, supposedly master-mason Stephen's wife, punished in this way for her immoderate wine-drinking. The Cathedral's northern portal (54) is artistically the most valuable as well as the most magnificently decorated. On the tympanum there is a portrayal of the Last Judgement surrounded by five reliefs – two scenes from the life of St. Elizabeth, one of the Virgin Mary with the women, another of St. John the Apostle with the soldiers, and the topmost one of the crucified Christ. At the turn of the 19th-20th century this entrance was complemented with statues of the Hungarian saints – Emeric, Stephen, Elizabeth of Hungary, Ladislaus and

Henry. The late-Gothic high altar (56) was made between 1474-77. The altar shrine holds figures of the Virgin Mary with Jesus, St. Elizabeth of Hungary and the Old Testament St. Elizabeth. On the two pairs of altar wings there are altogether 48 pictures portraying the life of St. Elizabeth of Hungary, a Passion and an Advent cycle. The oldest heritage piece in the Cathedral, however, is the bronze font (58) from the late 13th/early 14th C. The second most valuable altar is the late-Gothic Altar of the Visitation of the Virgin Mary (57) from 1516. The magnificent stone pastophorium from 1468-77 is also extraordinarily precious. In 1906 a crypt was created for the laying to rest of the remains of Ferenc Rákóczi (53). The other sarcophagi hold the remains of his mother Helena Zrínska and his oldest son Joszef. Counts Anton Eszterházi, Miklos Sibrik, Miklos Bercséni and his wife Krisztina Csáki are also buried here.

55

as bedeutendste historische Andenken, die Dominante und der Stolz der Stadt ist der St. Elisabeth-Dom (50). Die schönste gotische Kirche der Slowakei wurde zusammen mit dem Urbansturm und der St. Michaels-Kapelle zum Nationalkulturdenkmal erklärt. Ihr Bau begann um das Jahr 1380, verlief in mehreren Etappen und wurde nie völlig beendet. Er trotzte dem Feuer von 1556 und 1775, dem Erdbeben von 1834, der Überschwemmung von 1845 und dem Wirbelsturm von 1875. Aus dem ursprünglichen Plan einer fünfschiffigen Basilika entstand am Ende eine fünfschiffige Kirche mit Querschiff. Der Dom misst in seiner Längsachse 60,5 m, in der Querachse 39,5 m. Das Hauptschiff hat einen Pfeilerabstand von 9,75 m (55). Über der Kreuzung der Domschiffe befindet sich ein mit Kupferblech verkleidetes Holztürmchen, der sogenannte Sanktus (51). Der Nordturm des Domes mit seinem Barockdach von 1775 ist 58,5 m hoch, der Dachfirst liegt in einer Höhe von 32,2 m. Am Domsims kann man interessante zoomorphe Wasserspeier sehen (52). An der Südwestecke hat einer die Gestalt einer Frau, angeblich der Ehefrau von Meister Stephan, die so für ihr unmäßiges Weintrinken bestraft wurde. Die künstlerisch wertvollste und üppigste Verzierung hat das Nordportal des Domes (54). Im Tympanon ist das Jüngste Gericht dargestellt. Es

ist von fünf Reliefs umgeben - mit zwei Szenen aus dem Leben der Hl. Elisabeth, der Jungfrau Maria mit den Frauen, dem Apostel Johannes mit Soldaten und dem gekreuzigten Christus. Am Eingang stehen seit der Wende vom 19. zum 20. Jahrhundert die Statuen der ungarischen Heiligen – Emerich, Stephan, Elisabeth von Ungarn, Ladislaus und Heinrich. Der spätgotische Hochaltar (56) entstand in den Jahren 1474-77. Im Altarschrein befinden sich die Plastiken der Jungfrau Maria mit dem Jesuskind, der Hl. Elisabeth von Ungarn und der Alttestamentlichen Elisabeth. Auf den beiden Altarflügelpaaren sind auf 48 Bildern das Leben der Hl. Elisabeth von Ungarn, der Passions- und der Adventszyklus dargestellt. Das älteste Andenken im Dom ist aber das Bronzetaufbecken (58) von der Wende vom 13. zum 14. Jahrhundert. Der zweitwertvollste Altar ist der spätgotische Altar des Besuchs der Jungfrau Maria bei Elisabeth (57) aus dem Jahre 1516. Außerordentlich wertvoll ist auch das wunderschöne Steinpastophorium aus den Jahren 1468-77. 1906 wurde im Dom eine Krypta für die sterblichen Überreste von Franz Rákóczi II. errichtet (53). In den Sarkophagen ruhen auch seine Mutter Helene Zrínyi und sein ältester Sohn Joseph. Außerdem ist hier auch die letzte Ruhestätte von Graf Anton Esterházi, Mikuláš Šibrik, Nikolaus Bercsényi und seiner Gemahlin Christina Csáki.

56

város leghíresebb és legjellegzetesebb műemléke a Szent Erzsébet-dóm (50). Szlovákia legszebb gótikus székesegyházát, az Orbán-toronnyal és a Szent Mihály - kápolnával egyetemben nemzeti kulturális örökség részeként tartják számon. A dóm építése 1380 körül kezdődött, különböző ciklusokban történt, de véglegesen soha nem fejeződött be. Az épületet több alkalommal sújtották elemi csapások: 1556-ban és 1775-ben tűzvész, 1834-ben földrengés, 1845-ben árvíz és 1875-ben szélvihar. Az építés kezdetekor egy öthajós bazilika felépítése volt a cél, ami végül is egy öthajós kereszthajóval ellátott templommá módosult. A dóm hossza kb. 60,5 m, szélessége 39,5 m. A főhajó (55) elsődleges magassága 9,75 m. A hajók kereszteződése felett egy rézzel beborított fatornyocska található, ez az ún. sanktus (51). Az 1775-ben, rokokó stílusban készített északi torony magassága 58,5 m, az itt található tetőnyereg pedig 32,2 m magasságban helyezkedik el. A templom peremén érdekes állat- és emberformájú vízokádókat láthatunk (52). Ezek között különösen érdekes a délnyugati sarkon lévő, amely egy női alakot ábrázol, a hagyomány szerint valószínűleg István mester feleségét, akit mérhetetlen borivása miatt ilyen módon büntettek meg. Művészeti szempontból a dóm északi bejáratának díszítése a legértékesebb és leggazdagabb (54). Az ún. tümpanonban az Utolsó ítélet

ábrázolását láthatjuk, körülvéve öt domborművel, ebből kettő Szent Erzsébet életének egy-egy mozzanatát ábrázolja, a harmadik témája Szűz Mária az asszonyokkal, a továbbiaké pedig János apostol a katonákkal és a Keresztrefeszített Krisztus. A bejárat díszítése a századforduló idején lett kiegészítve a magyar szentté avatott királyok szobraival (mint Szent Imre, Szent István, Szent Erzsébet, Szent László és Szent Henrik). A későgótikus főoltár (56) 1474-77 között készült. Az oltár domborműdíszítéseként a következő plasztikákat láthatjuk: Szűz Mária a kis Jézussal, valamint Szent Erzsébet és Bibliai Szent Erzsébet alakjai. Az oltár két szárnyán összesen 48 kép található, túlnyomó többségük Szent Erzsébet életét, valamint a passió történetet és az adventi ciklust ábrázolja. A székesegyház legrégebbi tárgyi felszerelése a bronz keresztelőmedence (58), amely a XIII. és XIV. század fordulójából való. A másik értékes, későgótikus oltár 1516-ban készült és Szűz Mária meglátogatását jeleníti meg (57). Nagyon értékes a gyönyörű, kőből készült pasztofórium (művészi kiképzésű oltáriszentség-fülke), amely az 1468-77-es évekből való. A dóm alagsorában, 1906-ban kripta kiépítésére került sor (53), ahová ugyanebben az esztendőben elhelyezték II. Rákóczi Ferenc fejedelem földi maradványait. Itt találhatóak Zrínyi Ilona és József nevű fia hamvai, valamint gróf Eszterházy Antal, Sibrik Miklós, gróf Bercsényi Miklós és felesége Csáky Krisztina grófnő koporsói.

58

aplnka sv. Michala (59) je zasvätená sprievodcovi duší na druhý svet, archanjelovi Michalovi. Pôvodne plnila funkciu karneru – kostnice. Stojí na mieste bývalého mestského cintorína. Je unikátna svojou gotickou architektúrou. V 13. storočí bola najprv postavená podzemná krypta, nadzemná časť až okolo rokov 1360-80. Jednolodová kaplnka, s trojdielnym uzáverom je vysoká 27,7 metrov. Do múrov kaplnky bolo vsadených 18 náhrobných kameňov z dómu aj bývalého cintorína, čím sa doplnilo lapidárium Urbanovej veže. Nad vchodom vidieť sochu archanjela Michala, ktorý váži duše mŕtvych. Vedľa neho sa nachádzajú sochy apoštolov Petra a Pavla. Architektúra kaplnky je mimoriadne cenná.

t. Michael's Chapel (59) is consecrated to the guide of souls going into the next world, the Archangel Michael. It originally functioned as a charnel-house, for storing bones, and stands in the place of the former town cemetery. It is unique due to its Gothic architecture. The underground crypt was built first in the 13th C, the part above ground later, some time between 1360 and 1380. The chapel's simple nave, which is 27.7 m high, terminates in a three-sided apse. The chapel walls used to carry 18 gravestones from the Cathedral and the former cemetery, but these were used to complete the collection of stones around Urban's Tower. Above the entrance door a figure of St. Michael can be seen weighing the souls of the dead. To the left and right of him there are statues of the apostles Peter and Paul. The architecture of the chapel is particularly precious.

ie dem Begleiter der Seelen in die andere Welt, dem Erzengel Michael, geweihte St. Michaels-Kapelle (59) diente ursprünglich als Beinhaus. Sie steht an der Stelle des ehemaligen Stadtfriedhofs und zeichnet sich durch ihre einmalige gotische Architektur aus. Im 13. Jahrhundert war zuerst die Krypta errichtet worden, der oberirdische Teil folgte erst um die Jahre 1360-80. Die einschiffige Kapelle mit einem dreiteiligen Abschluss ist 27,7 m hoch. In ihre Mauern sind 18 Grabsteine aus dem Dom und dem ehemaligen Friedhof eingelassen, wodurch das Lapidarium des Urbansturmes ergänzt wird. Über dem Eingang kann man die Statue des Erzengels Michael sehen, der die Seelen der Verstorbenen wiegt. Neben ihm befinden sich die Statuen der Apostel Petrus und Paulus. Die Architektur der Kapelle ist außerordentlich wertvoll.

Szent Mihály-kápolna (59) Mihály arkangyalnak, a lelkek túlvilágra kísérőjének van szentelve. Eredetileg csontház funkciója volt az épületnek, mivel az egykori városi temető területén helyezkedik el. A kápolna gótikus építészeti stílusa egyedülálló. Építése a XIII. században kezdődött egy föld alatti kripta kialakításával. A föld feletti rész csak évekkel később, 1360 és 80 között készült el. Az egyhajós kápolna, hármas lezárással mintegy 27,7 m magas. Falaiba, a dómból és az egykori temetőből, 18 sírkövet építettek be. A bejárat felett Mihály arkangyal szobra található, ahogyan megméri a holtak lelkét. Mellette Péter és Pál apostol alakjai ismerhetők fel. A kápolna építészeti szempontból is nagyon értékes.

59

ývalý župný dom (61), postavený v roku 1779 v barokovo-klasicistickom slohu, slúžil pre potreby Abovskej župy až do roku 1928. V jeho reprezentačnej zasadacej sieni (60) bol na slávnostnom zasadnutí vlády 5. apríla 1945 vyhlásený prvý povojnový program Československej republiky – Košický vládny program. Od roku 1991 tu sídli Východoslovenská galéria Júliusa Jakobyho.

he former Shire Hall (61), built in 1779 in Baroque and neo-Classical style, served the needs of the old shire of Abov up until 1928. On 5th April 1945 there was a ceremonial session of the government in the representative session chamber (60) here, at which the first post-war programme of the Czechoslovak Republic – the Košice Government Programme – was announced. Since 1991 this has been the home of the East Slovakian Gallery of Július Jakoby.

as ehemalige Gauhaus (61), das 1779 im Barock-Klassizismus-Stil errichtet wurde, diente bis zum Jahre 1928 den Bedürfnissen des Abov-Gaues. In seinem repräsentativen Sitzungssaal (60) wurde am 5. April 1945 auf der feierlichen Regierungssitzung das erste Nachkriegsprogramm der Tschechoslowakischen Republik – das Košicer Regierungsprogramm – verkündet. Seit 1991 ist hier der Sitz der Ostslowakischen Július-Jakoby-Galerie.

megyeháza (61) 1779-ben épült barokk-klaszicista stílusban és 1928-ig az Abaúj-Torna vármegye székháza volt. 1945 április 5.-én díszter-mében tartotta ülését a csehszlovák kormány, me-lyen kihirdették a Kassai Kormányprogramot – a Csehszlovák Köztársaság háború utáni programját (60). 1991 óta itt található a Jakoby Gyula Kelet-szlovákiai Galéria.

62

Palác grófa Forgáča (64) bol postavený v empírovom štýle v 19. storočí. Palác bol od roku 1851 sídlom hlavného župana košického dištriktu, po roku 1878 bolo v budove zriadené kasíno. Od roku 1946 využíva tieto priestory Krajská štátna knižnica, kde sú uschované aj staré tlače – inkunábuly (63) zo 16. storočia.

The Palace of Count Forgách (64) was built in Empire style in the 19th C. From 1851 it was the seat of the Košice district chief administrator, and from 1878 the building was refurbished as a casino. Since 1946 these premises have been used by the Regional State Library, in particular for its collections of old printed papers (incunabula) (63) from the 16th century.

63

Der Palast des Grafen Forgách (64) im Empire-Stil entstand im 19. Jahrhundert. Er war von 1851 an Sitz des Obergespans des Košicer Distrikts, nach 1878 befand sich hier ein Kasino. Seit 1946 werden diese Räume von der Staatlichen Bezirksbibliothek genutzt, die hier auch alte Drucke – Inkunabeln (63) aus dem 16. Jahrhundert – aufbewahrt.

A Forgách-palota (64) empír stílusban épült a XIX. században. 1851-től a kassai főispán székhelye volt, majd 1878-ban kaszinóvá alakították. 1946 óta a Kerületi Állami Könyvtárnak ad otthont, ahol XVI. századi iratokat is őriznek (63).

64

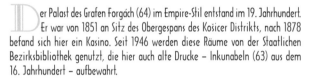

iklušova väznica (67) vznikla spojením dvoch patricijských domov so základmi z 13. storočia. Pôvodne obytná budova s tradovanou hrnčiarskou dielňou bola dostavaná v druhej polovici 15. storočia. Väznica tu bola mestom zriadená až v 17. storočí a zrušená v roku 1909. V muzeálnej expozícii sú dnes vystavené cechové pamiatky, výrobky košických remeselníkov, ale aj katovské meče mesta, popravčia stolička, železné putá a klady z mučiarne (65). Súčasťou expozície je Katov byt (66) na poschodí väznice.

65

ikluš´ Prison (67) was created by connecting two patricians´ houses with 13th century foundations. The original residential building with its traditional potter´s workshop was completed in the later 15th C. The prison was established here by the city as late as the 17th C, and closed down in 1909. Today´s museum exhibition displays historical guild miscellanea and the products of Košice´s craftsmen, as well as the city executioners´ swords, the execution chair, iron manacles and stocks from the torture chamber (65). Part of the exhibition is the Executioner´s Rooms (66) on the upper floor of the prison.

as Mikluš-Gefängnis (67) entstand durch die Verbindung zweier Patrizierhäuser mit Grundmauern aus dem 13. Jahrhundert. Das ursprüngliche Wohnhaus mit einer Töpferwerkstatt, wie wir aus der Überlieferung wissen, wurde in der zweiten Hälfte des 15. Jahrhunderts vollendet. Erst im 17. Jahrhundert richtete die Stadt hier ein Gefängnis ein, das 1909 aufgelöst wurde. In der musealen Exposition sind heute Zunftandenken, Erzeugnisse Košicer Handwerker, aber auch Scharfrichter-Schwerter der Stadt, der Hinrichtungsstuhl und eiserne Fesseln und Folterböcke ausgestellt (65). Bestandteil der Exposition ist auch die Henkerwohnung (66) im ersten Stock des Gefängnisses.

66

Miklós-börtön (67) két XIII. században épített polgárház egyesítéséből keletkezett. Eredetileg lakóházként és fazekasműhelyként szolgált, a XV. század második felében átépítették. A XVII. század elejétől börtönként használták egészen az intézmény 1909-es megszűnéséig. Az épületben jelenleg múzeum található, melyben egyrészt céhemlékek, kassai kézművesek alkotásai, másrészt a város hóhérbárdjai, a kivégzőszék, vasbilincsek és vallatóeszközök vannak kiállítva (65). A kiállítás része az egykori hóhérlakás az emeleten (66).

67

Dominikánsky kostol (69, 70) bol postavený koncom 13. storočia. Je najstaršou sakrálnou stavbou v Košiciach. Pri požiari roku 1556 bol kostol i kláštor tak zničený, že ho dominikáni museli opustiť. Kostol bol v 18. storočí zrekonštruovaný a prestavaný v barokovom slohu. Za svätyňou kostola sa nachádza súsošie sv. Trojice z roku 1721 (68).

The Dominican Church (69, 70) was built at the end of the 13th C, and is the oldest religious building in Košice. In the fire of 1556 both the church and the monastery were so damaged that the Dominicans had to leave them. The church was rebuilt in the 18th C in Baroque style. Outside the church sanctuary stands the sculpture group of the Holy Trinity from 1721 (68).

Die Dominikaner-Kirche (69, 70) wurde Ende des 13. Jahrhunderts erbaut. Sie ist der älteste Sakralbau in Košice. Bei dem Großbrand im Jahre 1556 wurden die Kirche und das Kloster so sehr beschädigt, dass sie die Dominikaner verlassen mussten. Im 18. Jahrhundert wurde die Kirche rekonstruiert und im Barockstil umgebaut. Hinter dem Chorraum der Kirche befindet sich die Statuengruppe St. Trinitatis aus dem Jahre 1721 (68).

A Domonkos-templom (69, 70) a XIII. század végén épült, és Kassa legrégibb temploma. Az 1556-os tűzesetnél annyira megrongálódott a templom és a kolostor is, hogy a domonkosoknak el kellett hagyniuk. A templomot a XVIII. században felújították és egyben barokk stílusban átépítették. A templom szentélye mögött található a Szentháromság-szoborcsoport 1721-ból (68).

Jakabov palác (71, 72) postavil v neogotickom slohu v roku 1899 staviteľ Arpád Jakab ako svoj súkromný dom. Istý čas bola budova sídlom prezidenta ČSR Edvarda Beneša.

Jakab´s Palace (71, 72) was built in neo-Gothic style in 1899 by master-builder Arpád Jakab as his family residence. For a time the President of the Czechoslovak Republic Edvard Beneš had his office here.

Den Jakab-Palast (71, 72) errichtete Baumeister Arpád Jakab 1899 im neugotischen Stil als sein Privathaus. Eine gewisse Zeit war er Sitz des Präsidenten der ČSR Eduard Beneš.

A Jakab-palotát (71, 72) saját házaként építtette 1899-ben Jakab Árpád építész. Rövid ideig a Csehszlovák Köztársaság elnökének Edvard Benešnek székhelye volt.

72

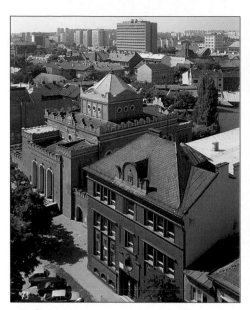

V Košiciach pôsobí 10 cirkví alebo náboženských spoločností – rímskokatolícka, gréckokatolícka (74), evanjelická (75), reformovaná, pravoslávna, apoštolská cirkev, svedkovia Jehovovi, židovská náboženská obec (73), cirkev adventistov a bratská jednota baptistov, niektoré aj s vlastnými kostolmi. Spomenieme aspoň barokový kostol na Kalvárii (77) z roku 1750, kaplnku sv. Rozálie na Červenom brehu z roku 1714-15, rím.-kat. kostol Kráľovnej pokoja (76) na juhu mesta z roku 1938, rím.-kat. kostol sv. Ondreja na sídlisku Pod hradovou z roku 1997, kostol Svätých košických mučeníkov (78) na sídlisku Nad Jazerom vysvätený v roku 1995, rím.-kat. kostol sv. Gorazda na sídlisku Terasa.

There are 10 Churches or religious societies which are active in Košice: Roman Catholic, Greek Catholic (74), Lutheran (75), Calvinist, Orthodox, Apostolic Church , Jehovah´s Witnesses, the Jewish community (73), Adventists and the Baptist Brethren, some of them with their own places of worship. The following at least are worthy of mention: the Baroque church on Calvary Hill (77) from 1750, St. Rosalie´s Chapel at Červený breh from 1714-15, the Roman Catholic Queen of Peace Church (76) in the south part of the city from 1938, the Roman Catholic St. Andrew´s Church on the Pod Hradová estate from 1997, the Holy Košice Martyrs´ Church (78) on the Nad Jazerom estate, consecrated in 1995, and the Roman Catholic St. Horace´s Church on the Terasa estate.

76

In Košice gibt es 10 Kirchen oder Religionsgemeinschaften – die römisch- und die griechisch-katholische (74), die evangelische (75), reformierte, orthodoxe und die apostolische Kirche, die Zeugen Jehovas, die jüdische Religionsgemeinschaft (73), die Adventisten und die Bruderschaft der Baptisten, einige auch mit eigenen Kirchen. Erwähnen wir wenigstens die Barockkirche auf dem Kalvarienberg (77) von 1750, die St. Rosalien-Kapelle am Roten Ufer (Červený breh) von 1714-15, die Kirche der Friedenskönigin (Kráľovnej pokoja) (76) von 1938 im Süden der Stadt, die röm.-katholische St. Andreas-Kirche in der Siedlung Pod hradovou von 1997, die Kirche der Hl. Košicer Märtyrer (78) in der Siedlung Nad jazerom, die 1995 geweiht wurde und die röm.-katholische St. Gorazd-Kirche in der Siedlung Terasa.

A városban több történelmi egyház és vallási közösség működik. Lélekszám szerint a legjelentősebbek a római katolikusok, görög katolikusok (74), evangélikusok (75), reformátusok, az apostoli egyház tagjai, Jehova tanúi, a zsidó hitközösség (73), az adventista egyház és a baptista egyház. Ezek nagy része saját templommal is rendelkezik. Némely közülük külön is említést érdemel. A Kálvária-templom (77) 1750-ben épült barokk stílusban, a Szent Rozália-kápolna 1714-15-ből származik, a város déli részén található a Béke Királynője római katolikus templom (76), amely 1938-ban épült, a Pod hradovou lakótelepen találhatjuk az 1997-ben épült Szent András római katolikus templomot, a Nad Jazerom lakótelepen a Szent Mártírok-templomot (1995) (78), végül a Terasa lakótelepen a Szent Gorazd katolikus templomot.

77

78

79

rnčiarska ulica, vedúca ku kalvínskemu kostolu, má dnes aj pomenovanie Ulička historických remesiel. Mesto sem sústredilo tradičné košické remeslá v snahe vytvoriť originálne zákutie pre turistov navštevujúcich Košice, kde si možno oddýchnuť i poučiť sa.

83

rnčiarska Street, or Potters´ Row, leading to the Calvinist Church, today also bears the name "Street of Historical Crafts". The city has brought together some of Košice's traditional crafts here in an attempt to create an original nook for tourists visiting Košice, where they can relax and learn something at the same time.

84

ie Töpfergasse (Hrnčiarska ulica), die zur calvinischen Kirche führt, trägt heute auch den Namen Gasse der historischen Handwerke. Die Stadt konzentrierte hier traditionelle Košicer Handwerke, um so einen originellen Winkel für die Touristen zu schaffen, wo man sich ausruhen und informieren kann.

85

református templomhoz vezető Fazekas utcát a kézművesek utcájának is nevezik. A város vezetősége itt olyan területet alakított ki, mely által az ide érkező turisták betekintést nyerhetnek a hagyományos kassai kézművesmesterségekbe, s ezáltal jobban megismerhetik a város múltját és történetét.

86

Vhorúcich letných dňoch príjemné chladivé osvieženie doprajú posedenia v parkoch pri fontánach. „Spievajúca" fontána (88) pri Dóme sv. Alžbety spolu so zvonkohrou (87) rozohrávajú čarovné divadlo padajúcich vodných kva-

piek a lahodných melódií. V parku za Štátnym divadlom zasa láka fontána so znameniami zverokruhu (89). Pozdĺž Hlavnej ulice sa dnes tiahne úzky potôčik (90) – pripomienka na niekdajší Čermeľský potok, pretekajúci tadialto mestom do roku 1899.

On hot summer days, sitting in the park beside a fountain can be pleasantly cooling and refreshing. The "Singing" Fountain (88) near St. Elizabeth´s Cathedral together with the nearby carillon (87) play up a magical show of falling water and delightful melodies. In the open

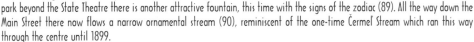
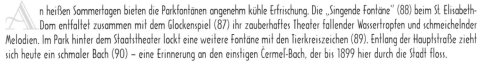

park beyond the State Theatre there is another attractive fountain, this time with the signs of the zodiac (89). All the way down the Main Street there now flows a narrow ornamental stream (90), reminiscent of the one-time Čermeľ Stream which ran this way through the centre until 1899.

An heißen Sommertagen bieten die Parkfontänen angenehm kühle Erfrischung. Die „Singende Fontäne" (88) beim St. Elisabeth-Dom entfaltet zusammen mit dem Glockenspiel (87) ihr zauberhaftes Theater fallender Wassertropfen und schmeichelnder Melodien. Im Park hinter dem Staatstheater lockt eine weitere Fontäne mit den Tierkreiszeichen (89). Entlang der Hauptstraße zieht sich heute ein schmaler Bach (90) – eine Erinnerung an den einstigen Čermeľ-Bach, der bis 1899 hier durch die Stadt floss.

Aforró nyári napokban mindenki számára kellemes felüdülést jelenthet egy kis pihenő az éneklő szökőkutat körülvevő parkban (88). A park közvetlenül a dóm szomszédságában található, ahol a zenére emelkedő vízsugarak játéka mellett még a nem mindennapi

harangjátékban (87) is gyönyörködhetünk. Pár lépésre innen, az Állami Színház túloldalán egy másik parkot találhatunk, amelynek egyik jellegzetessége az állatjegyekkel díszített szökőkút (89). A Fő utcát hosszában egy kis patak (90) szeli ketté – a valamikori Csermely patak emlékére, amely 1899-ig csörgedezett a városnak ezen a részén.

Rozvoj mesta, súvisiaci s budovaním VSŽ a populačná explózia spôsobili značný stavebný rozmach. Obrovskú potrebu bývania v tom čase narýchlo uspokojili strohé panelové obytné sídliská ako Terasa (91), Železníky (92), Furča (93), Ťahanovce (94) a Nad Jazerom (95). Košice majú dnes okolo 250 tisíc obyvateľov, s hustotou osídlenia 991 obyvateľov na km². Národnostne sa viac ako 90% obyvateľov hlási k slovenskej národnosti. Zvyšok tvoria obyvatelia maďarskej, českej, rómskej, ukrajinskej, rusínskej, nemeckej a poľskej národnosti.

The recent growth of the city, stemming from the population explosion associated with the building of the VSŽ steelworks, first led to a considerable boom in construction work. The huge need for living quarters was meant to be rapidly satisfied by the bare concrete-panel residential estates such as Terasa (91), Železníky (92), Furča (93), Ťahanovce (94) and Nad Jazerom (95). Present-day Košice has around 250 thousand inhabitants, with a population density of 991 per km². In ethnic terms, over 90% of the population claims to be of Slovak ethnic background, and the remainder comprises people of Hungarian, Czech, Romany, Ukrainian, Ruthenian, German and Polish backgrounds.

ie mit dem Aufbau der Firma VSŽ zusammenhängende Entwicklung der Stadt und die nachfolgende Populations-Explosion brachten einen bedeutenden Bauaufschwung mit sich. Das gewaltige Wohnbedürfnis dieser Zeit befriedigten schnell errichtete schroffe Plattensiedlungen wie Terasa (91), Železníky (92), Furča (93), Ťahanovce (94) und Nad Jazerom (95). Košice hat heute rund 250 Tausend Einwohner, wobei 991 Bewohner auf 1 km² entfallen. Mehr als 90% sind Slowaken, den Rest bilden Einwohner mit ungarischer, tschechischer, Roma-, ukrainischer, ruthenischer, deutscher und polnischer Nationalität.

város fejlődése és a lakosság számának növekedése, mely nagyrészt a Kelet-szlovákiai Vasmű építésével van összefüggésben, a közelmúltban nagyszabású építkezéseket indított el. A nagyméretű lakáshiányt panelházak építésével oldották meg. Így jöttek létre a várost körülvevő, a maga nemében jellegzetes lakótelepek, mint a Terasa (91), Železníky (92), Furča (93), Ťahanovce (94) és a Nad Jazerom (95). A városnak jelenleg kb. 250 ezer lakosa van, a népsűrűség km² – ként 991 lakos. A lakosság 90% – a szlovák nemzetiségű. A maradék 10% magyar, cseh, roma, ukrán, ruszin, német és lengyel nemzetiségű.

$\mathbb{V}$zdelanosť sa rozvíja na rôznych košických stredných odborných, priemyselných školách, učilištiach, akadémiách a gymnáziách. Sídlia tu 4 univerzity: Technická univerzita (98), Univerzita veterinárneho lekárstva, Univerzita P. J. Šafárika (96, 97) a Vojenská letecká akadémia M. R. Štefánika. Zastúpené sú aj Ekonomická univerzita a Univerzita J. A. Komenského v Bratislave, ako aj Vysoká škola poľnohospodárska v Nitre.

$\mathbb{E}$ducation is promoted by the various apprentice schools, specialized secondary schools, academies and grammar schools in Košice. Four universities are based here: the Technical University (98), the University of Veterinary Medicine, the University of P. J. Šafárik (96, 97), and the M. R. Štefánik Military Aviation Academy. There are also separate faculties here of the University of Economics and Comenius University in Bratislava, and of the Agricultural College in Nitra.

$\mathbb{A}$n der Weiterbildung sind verschiedene Košicer Fachober- und Industriefachschulen, Berufsschulen, Akademien und Gymnasien beteiligt. Außerdem gibt es hier 4 Universitäten: die Technische Universität (98), die Universität für Veterinärmedizin, die P. J. Šafárik-Universität (96, 97) und die Militärische M. R. Štefánik-Flug-Akademie. Vertreten sind auch die Okonomische Universität und die J. A. Komenius-Universität Bratislava und die Hochschule für Landwirtschaft Nitra.

$\mathbb{A}$ városban több közoktatási intézmény működik. Megtalálhatóak itt a különféle szakközépiskolák, szakmunkásképző intézetek, akadémiák és gimnáziumok. Négy egyetem működik a városban: a Műszaki Egyetem (98), az Állatorvosi Egyetem, a Šafárik Egyetem (96, 97) és a Štefánik Katonai Akadémia. A közgazdasági egyetem, a pozsonyi Komenský Egyetem és a nyitrai Mezőgazdasági Főiskola kirendeltsége is megtalálható Kassán.

Základnými predstaviteľmi mesta sú primátor, volené mestské zastupiteľstvo, zložené z poslancov. Za administratívne a organizačné aktivity zodpovedá Magistrát mesta (99). Je samostatným právnym subjektom. Mesto Košice je sídlom rôznych štátnych aj neštátnych orgánov a inštitúcií ako úrady práce, colné a daňové úrady. Je administratívnym sídlom Košického kraja (100), pričom mesto samo sa skladá zo štyroch okresov, ktoré tu majú

svoje okresné úrady. V Košiciach má sídlo aj Ústavný súd a vysunutá Kancelária prezidenta Slovenskej republiky (101).

The city's principal elected representatives are the Mayor and the members of the City Council. Administrative and organizational activities are the responsibility of the Municipal Authority (99), which is an independent legal entity. The city of Košice is the seat of various governmental and non-governmental bodies and institutions such as the employment service, Customs and tax offices. It is the administrative centre of the Košice Region (100), and the city itself is made up of four districts, each with its own local authority offices. The Constitutional Court also has its seat here, and there is a provincial office of the President of the Slovak Republic (101).

Die Hauptvertreter der Stadt sind der Primator und die gewählte Stadtvertretung, die sich aus den Abgeordneten zusammensetzt. Für administrative und organoisatorische Aktivitäten ist der Stadtmagistrat (99) verantwortlich. Er ist ein selbständiges juristisches Subjekt. Košice ist Sitz verschiedener staatlicher und nicht staatlicher Organe und Institutionen wie z. B. Arbeits-, Zoll- und Finanzämter. Es ist der Administrationssitz des Kreises Košice (100), wobei die Stadt selbst aus vier Bezirken besteht, die ihre eigenen Bezirksämter haben. In Košice befinden sich auch das Verfassungsgericht und eine Kanzlei des Präsidenten der Slowakischen Republik (101).

A város elöljáróságát a főpolgármester és a választott városi képviselői testület alkotja. Az adminisztratív ügyintézésért és szervezési dolgokért az ún. Városi Magisztrátus (99) a felelős. Ez utóbbi önálló jogi szubjektum. A város több állami és magánjellegű szervezet és intézmény székhelye. Ilyen többek között a munkaügyi hivatal, a vám- és adóhivatal. Ezek mellett még a Kassai kerület adminisztrációs központja is itt található (100). Maga a város négy járásból áll és mind a négy itt működteti járási hivatalát. Itt székel továbbá az Alkotmánybíróság és a Szlovák Köztársaság elnökének kirendelt hivatala (101).

poločenské a ekonomické zmeny po roku 1989 umožnili rozvoj súkromného sektora. Primerane tomu zodpovedal aj rozvoj peňažného systému. V Košiciach boli zriadené pobočky takých významných peňažných ústavov ako Národná banka Slovenska (107), Poštová banka (103), ČSOB (102), VÚB (105), Tatra banka (106), Slovenská sporiteľňa (104) a ďalších inštitúcií.

102

103

104

The social and economic changes since 1989 have led to the development of the private sector, with corresponding growth too in the provision of financial services. Branches have been established in Košice of such important financial institutions as the National Bank of Slovakia (107), Post Bank (103), Czechoslovak Commercial Bank (102), General Credit Bank (105), Tatra bank (106) and the Slovak Savings Bank (104), to name but a few.

105

Die gesellschaftlichen und wirtschaftlichen Veränderungen nach 1989 ermöglichten auch die Entwicklung des Privatsektors. Dementsprechend entfaltete sich auch das Finanzsystem. In Košice befinden sich Zweigstellen so bedeutender Geldinstitute wie der Nationalbank der Slowakei (107), der Postbank (103), der Tschechoslowakischen Handelsbank (ČSOB) (102), der Allgemeinen Kreditbank (VÚB) (105), der Tatra banka (106), der Slowakischen Sparkasse (Slovenská sporiteľňa) (104) und weiterer Institutionen.

Az 1989-es politikai és gazdasági változások itt is lehetővé tették a magánszektor kialakulását. Ez meghatározta a pénzügyi rendszer átalakulását is. A városban több pénzügyi intézmény is működik: Szlovák Nemzeti Bank (107), Postabank (103), Csehszlovák Kereskedelmi Bank (102), Általános Hitelbank (105), Tatra Bank (106), Szlovák Takarékpénztár (104).

108

109

Aj v súčasnosti je mesto dôležitým uzlom dopravných trás a obchodu. Čulému turistickému i obchodnému ruchu je prispôsobená sieť dopravy, obchodu (112), ubytovacích a stravovacích zariadení (108, 109, 111). Cestujúcim je k dispozícii autobusová, železničná (110) aj letecká doprava.

In the present as in the past, the city is an important node for transport and trade routes. The local transport, retail (110), accommodation and catering networks (108, 109, 111) have adapted to the lively tourist trade and commercial activity. Road, rail (110) and air transport systems are all on hand when it comes to travelling.

110

111

Auch heute ist die Stadt ein wichtiger Verkehrs- und Handelsknotenpunkt. Dem regen Touristen- und Handelsverkehr ist das Verkehrs-, Handels- (112), Hotel- (108, 109, 111) und Gaststättennetz angepasst. Für die Reisenden stehen Bus-, Eisenbahn- (110) und Flugverkehr zur Verfügung.

112

A város fontos közlekedési és kereskedelmi központ. Az élénk turisztikai és kereskedelmi élethez igazodik a közlekedési és kereskedelmi (112), valamint a vendéglátóipari (108, 109, 111) létesítmények működése. Az utazók igényeit repülőtér, autóbusz és vasúti (110) közlekedés szolgálja.

S mestom Košice sa neoddeliteľne spája meno hutníckeho giganta Východoslovenských železiarní, nazývaných tiež „vlajkovou loďou slovenského priemyslu", ktorý výraznou mierou ovplyvňuje jeho ekonomický, politický, kultúrny a spoločenský život. Zameriava sa na výrobu surového železa, ocele, oceľových plechov a rôznych finálnych výrobkov.

M it der Stadt Košice untrennbar verbunden ist der Name des Hüttengiganten Ostloswakische Eisenhüttenwerke, der auch als das „Flaggenschiff der slowakischen Industrie" bezeichnet wird. In deutlichem Maße beeinflusst er das wirtschaftliche, politische, kulturelle und gesellschaftliche Geschehen der Stadt. Die Firma spezialisiert sich auf die Produktion von Eisen, Stahl, Stahlblechen und verschiedener anderer Finalprodukte.

A városhoz elválaszthatatlanul hozzátartozik a kohászati nagyüzem, a Kelet-szlovákiai Vasmű. Gyakran nevezik ezt az üzemet a szlovák gazdaság zászlóvivőjének. Kétségtelen, hogy a vasmű meghatározója a város gazdasági, politikai, kulturális és társadalmi életének. Az üzem nyersvas, acél, acéllemez és különféle végtermékek gyártására specializálódott.

T he city of Košice is inseparably connected with the name of the metallurgical giant, the East Slovakian Steel Corporation, also known as "the flagship of Slovakian industry", which has a significant influence on the city´s economic, political, cultural and social life. The Corporation manufactures pig iron, steel slabs and sheets, and various finished by-products.

Od roku 1994 sa oslavuje 7. máj – deň udelenia prvej erbovej listiny z roku 1369 ako Deň mesta Koši- ce. Mesto ožíva množstvom atrakcií ako volba hradnej dámy, prehliadka plavidiel – Košické Benátky, vystúpenia mažoret- iek, vozenie sa na historickej konke, krájanie „maxi" makovníka, vyvoláva- nie ducha mesta, predvedenie práce remeselníkov z Hrnčiarskej ulice a rôzne spoločenské a športové akcie. Mesto je známe aj pokusom o rekord v tancovaní masovej macareny, nahláseným do Guinessovej knihy rekordov. Košičania sa zabávajú a sú hrdí na svoje mesto.

Since 1994 the day of 7th May – the day the first coat of arms was granted to the city in 1369 – has been celebrated as Košice Day. The city comes to life with a large number of attractions such as the choice of the First Lady of the Castle, the boat procession called Venice in Košice, majorette performances, rides in a historic horse-drawn tram, the cutting of the maxi poppy-seed cake, the summoning of the spirit of the city, demonstrations of the work of craftspeople from Hrnčiarska Street, and various cultural and sporting events. The city is now known for its attempt to get the record for mass "macarena" dancing, sent in to the Guinness Book of Records. The people of Košice enjoy themselves in May, and they are proud of their city.

eit 1994 feiert man den 7. Mai – den Tag der Erteilung des Wappenbriefes von 1369 – als Tag der Stadt Košice. Die Stadt veranstaltet eine Vielzahl von Attraktionen wie z. B. die Wahl der Burgdame, das Schiffskorso „Venedig von Košice", den Auftritt der Defilee-Girls, die Fahrt in der historischen Pferdestraßenbahn, das Aufschneiden des Maxi-Mohnstrudels, das Anrufen des Stadtgeistes, die Vorführung der Handwerker-Arbeiten aus der Töpfergasse und verschiedene Gesellschafts- und Sportveranstaltungen. Die Stadt ist auch für ihren Rekordversuch im Massen-Macarena-Tanz

bekannt, der im Guinessbuch der Rekorde angemeldet wurde. Die Košicer verstehen es sich zu unterhalten und sind stolz auf ihre Stadt.

994 óta minden év május 7.-én tartja a város a Kassai Városi Napot annak emlékére, hogy 1369-ben e napon adományozták a városnak az első címerlevelet. A városszerte tartó ünnepség akkor veszi kezdetét, ha a főpolgármester a választott várhölgy közreműködésével meghódítja a kassai várat, pontosabban annak maradványait a Vártetőn. Itt kerül sor a kassai lovagok lovaggá ütésére. A vár elfoglalása után kezdetét veszi a vigadalom. Előhívják a város szellemét, az érdeklődők végighajózhatnak a folyón, tengeri csata dúl a városi tavon, megtekinthető a mazsoretek műsora, korabeli fogatokon alkalom nyílik a sétakocsikázásra, felszeletelik az óriás mákos bejglit..... Az

ünnepség része a Fazekas utcai mesterek bemutatója és a különféle társasági és sportrendezvények sorozata. A város lakói azzal is megpróbálkoztak, hogy tömeges makaréna táncukkal bekerüljenek a Guiness Rekordok könyvébe. Mindebből nyilvánvaló, hogy a kassaiak szeretik a szórakozást és vidámságot.

Počas osláv predvádzajú remeselníci mesta svoju zručnosť a umenie priamo pred zvedavými očami divákov.

During the celebrations the city´s craftspeople demonstrate the skills of their art right in front of curious onlookers.

Während der Feiern führen Handwerker der Stadt ihr Können direkt vor den Augen der Zuschauer vor.

A városi ünnepség idején a kézművesek a kíváncsiskodó emberek szeme előtt gyakorolják művészi tudományukat.

131

ianočné sviatky bývajú v Košiciach vďaka záplavám girlánd a vianočného osvetlenia neopakovateľným zážitkom nielen pre zahraničných, ale aj domácich návštevníkov. Obrovský vianočný strom, ulicami znejúce vianočné koledy, kultúrne i dobročinné akcie, drobné darčeky z vianočných trhov znásobujú čarovnú atmosféru Vianoc.

hristmas time in Košice means a sea of decorations and Christmas lights, and it is an unrepeatable experience for foreign and local visitors alike. The huge Christmas tree, the sound of Christmas carols in the streets, cultural and charity events and little presents from the Christmas market all intensify the magical atmosphere of Christmas.

ie Weihnachtszeit ist in Košice Dank der Fülle von Girlanden und der Weihnachtsbeleuchtung ein einzigartiges Erlebnis nicht nur für die ausländischen, sondern auch die einheimischen Besucher. Ein gewaltiger Weihnachtsbaum, die Weihnachtslieder, die in den Straßen erklingen, Kultur- und Wohltätigkeitsveranstaltungen und kleine Geschenke vom Weihnachtsmarkt verstärken die zauberhafte Atmosphäre dieser Zeit.

kassai karácsonyvárás a bámulatos díszítésnek és a fényáradatnak köszönhetően felejthetetlen élményt nyújt mind a külföldi, mind a hazai látogatók számára. Az ünnepek előtt a város központjában egy hatalmas karácsonyfát állítanak fel. Az ismert karácsonyi melódiák, a gazdag kulturális és jótékonysági rendezvények, az adventi vásár apró ajándéktárgyai csak fokozzák a karácsony varázslatos hangulatát.

133

Milovníci vážnej hudby si prídu na svoje na koncertoch usporadúvaných Štátnou filharmóniou. Najvýznamnejšími sú medzinárodný hudobný festival zvaný Košická hudobná jar, Medzinárodný organový festival a Vianočné koncerty. Majstrovstvo košických filharmonikov ocenilo množstvo sólistov, dirigentov, ako aj vdačné publikum doma i v zahraničí.

Liebhaber der klassischen Musik kommen bei den Konzerten der Staatlichen Philharmoniker auf ihre Kosten. Am bedeutendsten sind das Internationale Musikfestival Košicer Musikfrühling, das Internationale Orgelfestival und die Weihnachtskonzerte. Die Meisterschaft der Košicer Philharmoniker schätzen eine Vielzahl von Solisten, Dirigenten und ein dankbares Publikum im In- und Ausland.

Lovers of classical music will find all they could ask for in the concerts put on by the State Philharmonia. Their most important events are the Košice Spring Music Festival, the Organ Festival and the Christmas Concerts, all with international guests. The mastery of Košice´s philharmonists has been appreciated by a large number of soloists and conductors as well as grateful audiences both at home and abroad.

A komolyzene szerelmesei is hódolhatnak kedvtelésüknek az Állami Filharmónia által szervezett koncerteken. Ezek között az egyik legjelentősebb rendezvény a Kassai Zenés Tavasz nemzetközi zenei fesztivál, továbbá a Nemzetközi Orgonafesztivál és a Karácsonyi Koncert. A kassai filharmonikusok tehetségét már több szólista és karnagy is méltányolta, csakúgy, mint a hazai és külföldi közönség.

134

135

ri rýchlom životnom tempe sa nezabúda ani na bohaté kultúrne dedičstvo. Pôsobia tu folklórne súbory ako Čarnica, Borievka, Jahodná, Železiar, Hornád, Východniar a Új nemzedék, ktoré prostredníctvom piesní, tancov, predvádzaním ľudových zvykov a tradícií šíria ľudovú kultúru východoslovenského regiónu doma i v zahraničí.

ven with our rapid modern life style, our rich cultural heritage is not forgotten. Many folk ensembles are active here, such as Čarnica, Borievka, Jahodná, Železiar, Hornád, Východniar and

the Hungarian Új nemzedek, who spread the popular culture of the East Slovakian region at home and abroad through their song and dance routines and presentations of folk customs and traditions.

136

rotz des schnellen Lebenstempos gerät auch das reiche Kulturerbe nicht in Vergessenheit. Folklore-Ensembles wie Čarnica, Borievka, Jahodná, Železiar, Hornád, Východniar und Új nemzedék verbreiten mit ihren Liedern, Tänzen und der Vorführung von

137

Volksbräuchen und Traditionen die Volkskultur der ostslowakischen Region zu Hause und im Ausland.

város a felgyorsult életvitel ellenére komoly küldetésnek tartja a kulturális örökség ápolását. Több folklórcsoport működik itt, mint például a Čarnica, Borievka, Jahodná, Železiar, Hornád, Východniar és Új Nemzedék, melyek a népdal, néptánc és népszokások felelevenítésével ápolják a kelet-szlovákiai régió népművészetét idehaza és külföldön egyaránt.

edzinárodný maratón mieru (139, 140, 141) v Košiciach s trasou 42 195 m patrí medzi najstaršie na svete. Prvýkrát sa bežal 28. 10. 1924 na trati Turňa nad Bodvou – Košice. Odvtedy sa tu každoročne stretávajú vytrvalci z celého sveta, aby si zmerali sily v tejto najťažšej atletickej disciplíne. Mená víťazov sú uvedené na piedestáli sochy maratónca na Námestí maratónu mieru (138).

The International Peace Marathon (139, 140, 141) in Košice, with its 42 195-metre course, is one of the oldest marathons in the world. It was run for the first time on 28th October 1924 along the road from Turňa nad Bodvou to Košice. Since then long-distance runners from all over the world have been meeting here every year to compare their strengths in this most demanding of athletic disciplines. Winners´ names are carved on the pedestal of the Marathoner statue in Peace Marathon Square (138).

er Internationale Friedensmarathon (139, 140, 141) in Košice mit seiner 42 195 m langen Trasse gehört zu den ältesten der Welt. Zum ersten Mal fand er am 28. 10. 1924 auf der Strecke Turňa nad Bodvou – Košice statt. Seitdem treffen sich hier alljährlich Langstreckenläufer der ganzen Welt, um ihre Kräfte in dieser schwersten Leichtathletik-Disziplin zu messen. Die Namen der Sieger sind auf dem Sockel der Statue des Marathonläufers auf dem Platz des Friedensmarathons verewigt (138).

Kassai Nemzetközi Békemaraton (139, 140, 141) a maga 42 195 m hosszú szakaszával a világ legrégebbi maratonjai közé tartozik. Az első versenyre 1924 október 28.-án került sor, a Torna-Kassa útszakaszon. Azóta minden évben találkoznak itt a futás szerelmesei, hogy összemérjék erejüket az atlétika egyik legnehezebb ágában. A győztes nevét a verseny után belevésik a Maraton-téren álló szobor talapzatába (138).

141

Košice nie sú len dejiskom známych športových podujatí. „Vychovali" úspešných športovcov – jednotlivcov aj tímy, ktorí zožali ocenenia vo futbale (1. FC) (142), hokeji (HC Košice) (143), hádzanej (HK TJ VSŽ Košice), kulturistike (Horváth, Žigalová), športovej streľbe (Gönci), vodnom póle (ŠKP Košice), nohejbale, boxe, basketbale a ďalších športových disciplínach. Pýchou vojenského letectva sú príslušníci II. vojenského pluku Vysokej vojenskej leteckej akadémie gen. M. R. Štefánika v Košiciach a ich akrobatická skupina Biele albatrosy (144).

142

143

Košice is not only a venue for famous sporting events. Many successful sportspeople have been "brought up" here, both as individuals and as teams which have gained trophies in football (1st FC Košice) (142), ice hockey (HC Košice) (143), handball (HK TJ VSŽ Košice), body-building (Horváth, Žigalová), rifle-shooting (Gönci), water polo (ŠKP Košice), football-tennis, boxing and basketball, to mention the better-known sports. The pride of the air force are the members of 2nd Squadron at the Military Aviation Academy of Gen. M. R. Štefánik in Košice and their aerobatic group called the White Albatrosses (144).

Kassa nemcsak színtere a különféle sporteseményeknek, hanem számos híres sportoló és csapat öregbítette már a város hírnevét – labdarúgásban (1. FC Košice) (142), jégkorongban (HC Košice) (143), kulturisztikában (Horváth, Žigalová), sportlövészetben (Gönci), vízilabdában (SKP Košice) továbbá ökölvívásban, kézilabdában és egyéb sportágakban. A katonai légierő büszkesége a Štefánik Katonai Légierő Akadémia II. Katonaezredének Fehér Albatrosz (144) akrobatikus repülőcsoportja.

Košice ist nicht nur ein Ort bekannter Sportveranstaltungen. Hier wuchsen auch erfolgreiche Sportler heran – Solosportler und Teams, die Preise im Fußballsport (1. FC) (142), Eishockey (HC Košice) (143), Handball (HK TJ VSŽ Košice), Bodybuilding (Horváth, Žigalová), Schießsport (Gönci), Wasserball (ŠKP Košice), dem Fußballtennis, im Boxen, Basketball und weiteren Sportdisziplinen errangen. Der Stolz des Militärflugwesens sind die Angehörigen des II. Militärregiments der Militärischen M. R. Štefánik-Flug-Akademie in Košice und ihre Akrobatengruppe Weiße Albatrosse (Biele albatrosy) (144).

144

otanická záhrada na Červenom brehu založená v roku 1950, uchováva približne 4 tisíc rastlinných druhov a kultivarov. Nachádza sa tu exotická subtropická a tropická flóra i zbierky genofondu väčšiny stredoeurópskych druhov.

he Botanical Gardens up at Červený Breh, founded in 1950, keep approximately 4000 species of natural and specially-bred plants. The collections here cover exotic types of tropical and sub-tropical flora and the gene pool of most Central European species.

146

er 1950 gegründete Botanische Garten am Roten Ufer (Červený breh) bewahrt etwa 4 Tausend Pflanzenarten und Kultivate. Außer der exotischen – subtropischen und tropischen – Flora befinden sich hier auch Sammlungen des Genofonds der meisten mitteleuropäischen Länder.

botanikus kertet a Vörös parton találhatjuk. 1950-ben alapították és hozzávetőlegesen 4 ezer különféle típusú növény látványával csalogatja az érdeklődőket. Az exotikus, szubtrópusi és trópusi növények mellett megtalálhatók itt a legkülönfélébb közép-európai növénykülönlegességek is.

147

148

149

150

151

oologická záhrada v Kavečanoch je rozlohou 278,3 ha najväčšia v strednej Európe. Návštevníci nachádzajú potešenie nielen zo spoznávania vyše 100 druhov zvierat, ale aj zúčastňovaním sa krstov ich prírastkov (156).

preading over 278.3 hectares, the zoological gardens at Kavečany are the largest in Central Europe. Visitors can enjoy themselves not only recognizing more than 100 species of animals, but also taking part in "christening" their offspring (156).

152

153

er Zoologische Garten in Kavečany ist mit seiner Fläche von 278,3 ha der größte in Mitteleuropa. Die Besucher können hier nicht nur mehr als 100 Tierarten kennenlernen, sondern auch an den Taufen ihrer Nachkommenschaft teilnehmen (156).

avocsán – Kavečany – az itt található állatkert 278,3 hektár területen fekszik, és a legnagyobb egész Közép – Európában. A látogatók azon kívül, hogy megtekinthetik a több mint 100 különböző állatot, résztvehetnek az állatkölykök keresztelőjén is (156).

154

155

156

157

158

159

V Kavečanoch sú upravené terény na zjazdové a bežecké lyžovanie pre začiatočníkov i pokročilých (158). Miestnou atrakciou je toboganová dráha (159). Plážové kúpalisko Nad Jazerom ponúka možnosť vodného lyžovania prostredníctvom lyžiarskeho vleku TRIXEN (161). Vodná nádrž Bukovec je vhodná na kúpanie a rybolov (160).

A t Kavečany there are well-tended downhill ski slopes and cross-country ski tracks for beginners and more advanced skiers (158). Another local attraction is the dry toboggan run (159). The beach bathing area Nad Jazerom offers the chance to do water-skiing on the TRIXEN ski-tow (161). Bukovec – this man-made lake is also suitable for bathing and angling (160).

I n Kavečany gibt es gut präparierte Terrains für Ski-Abfahrts- und Langlauf für Anfänger und Fortgeschrittene (158). Eine besondere Attraktion ist die Toboggan-Bahn (159). Das Strandbad Nad Jazerom bietet mit seinem Wasserskilift TRIXEN Möglichkeiten für Wasserskisportler (161). Das Staubecken Bukovec ist ein beliebtes Strandbad und auch für Angler geeignet (160).

160

161

K avečánban (Kavečany) a gondozott sípályák a lesiklás és a sífutás kezdő és haladó kedvelőinek nyújtanak lehetőséget (158). Helyi atrakció a tobogánpálya (159). A tóparti (Nad Jazero) nyílvános strand lehetőséget nyújt a vizísízésre (TRIXEN sívontató) (161). Bukóc-Bukovec – fürdésre és halászatra alkalmas víztároló (160).

Z námym miestom oddychu je údolie Čermeľského potoka s najväčším lesoparkom na území Košíc. Atrakciou je detský vláčik s mašinkou Katkou (162), ktorý dovezie deti i dospelých až do výletného strediska Alpinka (6 km) (163). Areál na Aničke pri brehu Hornádu je obľúbeným detským rajom (164, 165). Prírodné kúpalisko Ryba a prameň „Gajdovka" osviežia v horúcich letných dňoch každého návštevníka.

T he Čermeľ Valley is a popular place for relaxation, featuring the largest woodland park in the Košice area. The children´s railway is an attraction with its steam-engine named Katka ("Katy") (162), taking children and adults alike up the valley to the leisure area at Alpinka (6 km) (163). The Anička Park area, closer to the city by the banks of the Hornád, is another favourite spot for children (164, 165). The Ryba ("Fish") open-air swimming pool and the "Gajdovka" mineral water spring refresh every visitor on hot summer days.

E in bekannter Naherholungsort ist das Tal des Baches Čermeľský potok mit dem größten Waldpark auf dem Gebiet der Stadt Košice. Besondere Attraktion ist die Kindereisenbahn mit der Lokomotive „Mašinka Katka", die Kinder und Erwachsene bis zum Ausflugsort Alpinka (6 km) bringt. Das Areal „Anička" am Ufer des Hornád ist ein beliebtes Kinderparadies. Das Naturbad Ryba und die Quelle „Gajdovka" erfrischen an heißen Sommertagen jeden Besucher.

A Csermely patak völgye ismert pihenőhely. Itt található Kassa legnagyobb ligete. A gyermekvasút, mely mozdonyát Katkának hívják, e hely nevezetessége. Az „Alpinka" (6 km) üdülőközpontban a vonattal juthatunkk fel a legegyszerűbben. A Hernád partján található „Anička" üdülőközpont a gyerekek kedvelt kikapcsolódási helye. A „Ryba" strand és a „Gajdovka" forrás a forró nyári napokon kellemes felüdülést nyújt az ide érkező látogatók számára.

166

Bankov (3 km) ponúka príjemné posedenie v letnej záhrade a ubytovanie v exkluzívnom hoteli (166). Na kopci Hradová (466 m n. m.), na mieste niekdajšieho stredovekého košického hradu, stojí vyhliadková veža (168) s výhľadom do Košickej kotliny.

Bankov (3 km) bietet angenehme Unterhaltung im Sommergarten und exklusive Hoteldienste (166). Auf dem Wanderweg Hradová (466 m ü. d. M.) befindet sich an der Stelle der einstigen mittelalterlichen Burg ein Aussichtsturm (168) mit Blick in den Košicer Kessel.

Bankó –Bankov (3km) a nyári kerttel és az exkluzív szállodával a kellemes időtöltésre ad lehetőséget (166). Vártető – Hradová (466 t. sz. f.) – ez a kilátó tulajdonképpen a valamikori középkori vár helyén található és felejthetetlen kilátást nyújt a kassai katlanra (168).

Bankov (3 km) offers pleasant opportuni ties for parties in the summer garden and accommodation in the exclusive hotel (166). Hradová (466 m above sea-level) – Look-out tower (168) with views over the Košice Basin, standing on the site of Košice´s one-time medieval castle.

167

168

lízke okolie Košíc ponúka viacero príležitostí využitia voľného času na šport, oddych a zábavu.

he close environs of Košice offer many opportunities for spending leisure time on sport, relaxation or entertainment.

assa környéke számtalan lehetőséget nyújt a szabadidő kellemes eltöltésére, a sportolásra és a szórakozásra.

ie nahe Umgebung von Košice bietet die verschiedensten Möglichkeiten für Freizeit und Sport, Erholung und Unterhaltung.

erlanský gejzír (22 km), pretože leží mimo vulkanickej oblasti, je jediný svojho druhu v Európe. Prvá erupcia nastala 4. júla 1873. V súčasnosti chŕli v 32-34 hodinových intervaloch 15 m vysoký 15-18 °C teplý prúd vody. Erupcia gejzíra trvá približne 25 min (169).

erlany Geyser (22 km). The fact that this lies outside of a volcanic area makes it the only one of its kind in Europe. The first eruption happened on 4th July 1873. At present a 15 m high jet of 15-18 °C carbonated water shoots up at 32-34 hour intervals. Each eruption of the geyser lasts about 25 minutes (169).

er Geysir von Herľany (22 km) ist der einzige seiner Art in Europa, weil er außerhalb eines Vulkangebietes liegt. Die erste Eruption fand am 4. Juli 1873 statt. Gegenwärtig stößt er in 32-34-stündigen Intervallen seinen 15 m hohen und 15-18 Grad warmen Wasserstrahl aus. Die Eruption dauert etwa 25 Minuten (169).

ánkfüredi gejzír-Herľanský gejzír (22 km)- mivel vulkanikus területen kívül helyezkedik el, teljesen egyedülálló Európában. A gejzír első kitörése 1873 július 4.-én volt. Jelenleg 32-34 órás időközönként tör fel a 15 m magas és 15-18 fokos vízsugár. A kitörés kb. 25 percig tart (169).

Jasov (23 km) je bohatý nielen na historické pamiatky, ale aj prírodné krásy. Dominantou mesta je premonštrátsky kláštor z 18. storočia (171). Súčasťou kláštora je barokový kostol s nádhernými oltárnymi obrazmi a nástennými maľbami. Okolo kláštora sa rozprestiera francúzska záhrada so vzácnymi rastlinami a cudzokrajnými drevinami. Pre Jasovskú jaskyňu (170) sú charakteristické brčkovité stalaktity a mohutné pagody, rôznych tvarov a farieb. Zo súčasnej dĺžky chodieb (2185 m) je sprístupnený 620 m dlhý okruh.

Jasov (23 km) is rich not only in heritage but also in natural beauties. Dominating the small town is the Praemonstratensian monastery from the 18th century (171). Part of the monastery is a Baroque church with wonderful altar pictures and mural paintings. Stretching around the monastery there is a French-style garden with rare plants and exotic trees. Jasov Cave (170) is typical for its curly stalactites and massive pagodas in various shapes and colours. Of the total length of passages discovered to date (2185 m), a 620 m circuit is open to the public.

170

171

Jasov (23 km) ist nicht nur reich an historischen Denkmälern, sondern auch an Naturschönheiten. Die Dominante der Stadt ist das Prämonstratenser-Kloster aus dem 18. Jahrhundert (171). Bestandteil des Klosters ist die Barock-Kirche mit wunderschönen Altarbildern und Wandgemälden. Um das Kloster herum erstreckt sich ein französischer Garten mit wertvollen Gewächsen und exotischen Bäumen. Für die Höhle von Jasov (170) sind die gelockten Stalaktiten und gewaltigen Pagoden in verschiedenen Formen und Farben charakteristisch. Von der gegenwärtigen Länge der Gänge (2185 m) ist ein 620 m langer Kreis begehbar.

Jászó – Jasov (23 km) – egyaránt gazdag történelmi emlékekben és természeti szépségekben. A város jellegzetessége a XVIII. századi premontrei kolostor (171). A kolostor része a csodálatos barokk templom, páratlan oltárával és falfestményeivel. A kolostort franciakert övezi, nagyon értékes és ritka növényekkel és fákkal. A Jászói-cseppkőbarlang (170) jellegzetességei a különböző formájú és színezetű pagodák. Az eredeti 2185 m hosszú folyosóból jelenleg egy 620 méteres körút tekinthető meg.

Jahodná (172) (15 km) a Kojšovská hoľa (173) (25 km) sú v zime vyhľadávanými lyžiarskymi strediskami. Ružínska priehrada (174) (33 km) ponúka možnosti vodných športov a turistiky.

Jahodná (172) (15 km) and Kojšovská hoľa (173) (25 km) are popular ski centres in the winter. Ružín Reservoir (174) (33 km) offers opportunities for water sports and hill-walking trips.

172

Jahodná (172) (15 km) und Kojšovská hoľa (173) (25 km) sind besondere Skizentren im Winter. Der Stausee Ružín (174) (33 km) bietet Möglichkeiten für Wassersport und Tourismus.

Jahodná (172) (15km) és a Kojso (173) (25km) télen kedvelt sítelep. Ružín (174) (33 km) – fürdésre és vízi sportok űzésére egyaránt alkalmas, továbbá lehetőséget ad a turisztikára is.

174

175

Zrúcanina Turnianskeho hradu (176) (36 km) zo 14. storočia sa čnie nad obcou Turnianske Podhradie. Územím vedie aj náučný chodník. Zádielska dolina (175) (40 km) sa nachádza vo východnej časti najväčšieho a najkrajšieho krasového územia v Strednej Európe, v Slovenskom krase. Túto 300 m hlbokú a 4 km dlhú tiesňavu vytvoril potok Blatnica. Dolina je známa priepasťou zvanou Čertova diera (186 m), skalnou vežou Cukrová homoľa (105 m) a viacerými jaskyňami. Jedinečnú prírodnú scenériu, faunu a flóru možno obdivovať absolvovaním náučného chodníka (4 hod.), ktorý tvorí uzavretý okruh.

Die Ruine der Burg Turňa (176) (36 km) aus dem 14. Jahrhundert erhebt sich über der Gemeinde Turnianske Podhradie. Durch das Gebiet führt eine Lehrpfad. Das Tal Zádielska dolina (175) (40 km) befindet sich im Ostteil des größten und schönsten Karstgebiets Mitteleuropas, im Slowakischen Karst. Dieser 300 m tiefe und 4 km lange Canon wurde vom Bach Blatnica geschaffen. Das Tal ist durch die Teufelsloch (Čertova diera) genannte Schlucht (186 m), den Felsturm Zuckerhut (Cukrová homoľa, 105 m) und mehrere Höhlen bekannt. Die einzigartige Naturszenerie und die Fauna und Flora kann man beim Durchwandern des Lehrpfades (4 Std.), der einen abgeschlossenen Kreis bildet, bewundern.

The ruins of the 14th C Turňa Castle (175) (36 km) rear up above the village of Turnianske Podhradie. A nature trail leads around the area. Zádiel Valley (175) (40 km) is located in the eastern part of the largest and most beautiful karst areas in Central Europe, the Slovak Karst. This 300-metre deep, 4 km long ravine was formed by the stream called Blatnica (``Muddy''). The valley is famous for its 186 m deep pothole called Devil´s Hole, the 105 m high rock pinnacle named Sugar Cone, and various caves. The unique natural scenery, fauna and flora can be admired on the way round the nature trail (4 hours), which forms a complete circuit.

Tornai-vár – Turniansky hrad (176) (36 km) – XIV. századi várrom, amely Torna község felett emelkedik. A várhoz turistaösvény vezet. Szadeloivölgy – Zádielska dolina (175) (40km) – a Közép-európai-karszt keleti részén található. Ezt a 300 m mély és 4 km hosszú hasadékot a Szár-patak hozta létre. A völgy egyik jellegzetessége az Ördöglyuk (186 m), továbbá a Cukorsüveg (105 m) és több barlang. A felejthetetlen természeti látnivalókat és a növényvilágot egy 4 órás turistaúton tekinthetjük meg, amely zárt kört alkot.

ižná Myšľa (15 km) – obec s významnou archeologickou lokalitou sídliska a pohrebiska takzvanej Otomanskej kultúry z bronzovej doby, 1450 rokov pred naším letopočtom (177), ako aj s nedávno odkrytými pozostatkami stredovekého kostolíka z konca 13. storočia (178). V mestkej časti Barca neprehliadnite kaštieľ z 15. storočia (179).

ižná Myšľa (15 km) – a village of some archaeological significance, the site of a settlement and graveyard from the so-called Otoman culture of the Bronze Age, dated 1450 BC (177), as well as recently-discovered remains of a medieval chapel from the late 13th century (178). Nor should you miss the 15th century manor house and park in the city suburb Barca (179).

ižná Myšľa (15 km). Die Gemeinde ist eine bedeutende archäologische Lokalität einer Siedlung und eines Begräbnisortes der sogenannten Ottomanischen Kultur aus der Bronzezeit (1450 Jahre v. u. Z.) (177) und der Reste einer unlängst aufgedeckten mittelalterlichen Kirche vom Ende des 13. Jahrhunderts (178). Im Stadtteil Barca sollten Sie das Landschloss aus dem 15. Jahrhundert nicht übersehen (179).

lsómislye – Nižná Myšľa (15 km) – fontos archeológiai terület, az bronzkori Otoman-kultúra (i. e. 1450) számtalan maradványát tárták itt fel a régészek (177). Ezen kívül egy XIII. századi középkori templom maradványai is megtalálhatók ezen a helyen (178). Bárca városrészben ne feledkezzen meg a XV. században épült kastélyról (179).

180

Hrad Krásna Hôrka (181) (60 km) je vyhľadávanou historickou pamiatkou. Kaštieľ Betliar (180) (70 km) je známy bohatými vnútornými expozíciami a rozsiahlym udržiavaným parkom so vzácnymi drevinami.

Die Burg Krásna Horka (181) (60 km) ist ein gern besuchtes historisches Andenken. Das Landschloß Betliar (180) (70 km) wiederum ist durch seine reichen Expositionen im Inneren und den großen und gut gepflegten Park mit wertvollen Holzgewächsen bekannt.

Krásna Hôrka Castle (181) (60 km) is a popular place full of historical heritage. The stately home at Betliar (180) (70 km) is well-known for its wealth of exhibits inside the house, and the extensive, beautifully-kept grounds featuring many rare species of tree.

Krasznahorka vára (181) (60 km) sokak által felkeresett műemlék. A Betléri kastély (180) (70 km) gazdag belső berendezése, hatalmas, rendezett kertje értékes növényritkaságaival hívogat.

181

bec Štós (38 km) je známa tradičnou výrobou kvalitných nožov a kúpeľmi (182). Liečia sa tu choroby dýchacích ciest a pľúc dospelých a detí predškolského veku, ako aj choroby z povolania. Medzev (183) (30 km). Pôvodne banícka osada bola založená nemeckými kolonistami v roku 1272. Surovinu, získavanú z okolitých železorudných baní, spracovávali tunajší kováči – najlepší nástrojári v Uhorsku. Nachádza sa tu hvezdáreň, planetárium, múzeum kinematografie a filmu.

The village of Štós (38 km) is well-known for its tradition of making high-quality knives and for its spa (182), where both adults and pre-school-age children are treated for bronchial and pulmonary ailments, as well as occupational illnesses for adults. Medzev (183) (30 km) – originally a mining settlement founded by German colonists in the year 1272. The raw materials extracted from the surrounding iron-ore mines were processed by the local metalworkers, the best tool-makers in old Hungary. There is an astronomical observatory and planetarium here, and a museum of cinematography and film.

Die Gemeinde Štós (38 km) ist bekannt durch ihre traditionelle Herstellung von Qualitätsmessern und durch den Kurort (182), in dem Erkrankungen der Atemwege und der Lunge Erwachsener und von Kindern im Vorschulalter sowie Berufskrankheiten behandelt werden. Medzev (183) (Metzenseifen, 30 km). Die ursprüngliche Bergbausiedlung wurde 1272 von deutschen Siedlern gegründet. Den in den Eisenerzgruben der Umgebung gewonnenen Rohstoff verarbeiteten die hiesigen Schmiede – die besten Werkzeugmacher in Ungarn. Es gibt hier eine Sternwrte, ein Planetarium und ein Museum der Kinematografie und des Filmes.

Stósz –Štós (38 km) – a városka minőségi pengekészítéséről és gyógyfürdőjéről híres, ahol légúti megbetegedéseket gyógyítanak. Mecenzéf – Medzev (30 km) – ezt a bányásztelepülést 1272-ben alapították a német telepesek. A környező bányákban vasércet bányásztak, melyet az itt élő kovácsok dolgoztak fel. Csillagvizsgáló, planetárium, kinematográfiai és filmmúzeum egyaránt megtalálható itt.

Pár slov na záver

Táto kniha, ktorá textom i obrazom približuje históriu i súčasný život mesta, chce byť trvalou spomienkou na Košice Ak vzbudila vo vás záujem, či zvedavosť, zámer autorov a ich úsilie neboli márne. Navštívte toto krásne mesto!

A few words in conclusion

This book, presenting in text and pictures the history and present-day life of the city, is meant to be a life-long souvenir of Košice. If it has stimulated your interest or curiosity, then the intention and efforts of the authors have not been in vain. Please visit our beautiful city!

Ein paar Worte zum Schluss

Dieses Buch, beschreibt in Text und Bild die Geschichte und das heutige Leben der Stadt und soll eine dauernde Erinnerung an Košice sein. Wenn es Ihr Interesse oder Ihre Aufmerksamkeit erweckt hat, war unser Bemühen nicht vergeblich. Besuchen Sie diese schöne Stadt!

Zárszó

Az a könyv, szövegével és képeivel egyaránt a város múltbeli és jelenlegi életét kivánja közelebb hozni az olvasóhoz, és egyben Kassa városáról kíván maradandó emléket nyújtani. Ha sikerült Önökben érdeklődést vagy kíváncsiságot felkelteni, a szerző célja már nem volt hiábavaló. Hívjuk és várjuk Önöket Kassára.

Košice ako na dlani

Autor fotografií: ©Alexander Jiroušek
Dizajn: ©Agentúra JeS
Text zostavila: ©Mária Koránová
Lektoroval: Jozef Duchoň
Preklad: ©Andrew Billingham (angličtina)
©Angelika Horňáková (nemčina)
©Róbert Géresi, ©Zsuzsanna Szücs (maďarčina)
Jazyková úprava: Alexander Višňovec

Vydala: Vydavateľská agentúra JES Košice, Považská 40/A, tel.: 095/644 00 02, v roku 2000, 1. vydanie

ISBN 80-88900-05-0